图解
智能工厂

穆德敏　赵　元　刘业峰　等编著
李康举　公丕国　主　审

U0319494

化学工业出版社
·北京·

内容简介

智能工厂技术已成为当今社会发展的焦点之一,掌握相关技术,实现知识更新的重要性日益凸显。为满足读者快速了解和掌握智能工厂基础知识的需求,本书以智能制造理念为起点,系统讲述了智能工厂的总体架构、各构成要素、关键技术等,使读者能够从总体上把握智能工厂的技术体系及发展脉络;此外,在各构成要素讲解方面,配有大量的应用实例,使内容更容易被理解,并提高读者的学习兴趣。本书在编写过程中力求图文并茂、语言通俗易懂,便于初学者使用。

本书作为前沿技术科普图书,可供机械设计、机电一体化及智能制造工程等专业师生,企业研发人员,生产管理人员,以及对智能工厂感兴趣的人群参考。

图书在版编目(CIP)数据

图解智能工厂/穆德敏等编著. —北京:化学工业出版社,2023.5
(科技前沿探秘丛书)
ISBN 978-7-122-43035-9

Ⅰ.①图… Ⅱ.①穆… Ⅲ.①智能制造系统-制造工业-图解 Ⅳ.①F407.4-64

中国国家版本馆CIP数据核字(2023)第039638号

责任编辑:张海丽　　　　装帧设计:　溢思视觉设计／张博轩
　　　　　　　　　　　　　　　　　　E-mail: isstudio@126.com
责任校对:宋　玮

出版发行:化学工业出版社
　　　　　(北京市东城区青年湖南街 13 号　邮政编码 100011)
印　　装:中煤(北京)印务有限公司
710mm×1000mm　1/16　印张 9½　字数 140 千字
2023 年 6 月北京第 1 版第 1 次印刷

购书咨询:010-64518888　　　　售后服务:010-64518899
网　　址:http://www.cip.com.cn
凡购买本书,如有缺损质量问题,本社销售中心负责调换。

定　　价:69.80 元
版权所有　违者必究

　　围绕实现制造强国的战略目标，我国发布的"中国制造2025"提出了五大工程和十大领域。智能制造工程作为五大工程之一，成为国家全力打造制造强国的重要路径。智能制造水平对我国工业升级发展具有重要意义，《图解智能工厂》作为前沿技术科普图书，重点围绕智能工厂的热点技术和未来的发展方向进行详细讲解，采用图解形式对智能工厂进行系统梳理，可以使读者初步了解智能工厂的基本知识、宏观概念、基本框架、关键技术和典型行业应用，进而让读者对智能制造产生浓厚兴趣。

　　本书共7章。第1章简要介绍中国制造业现状、世界制造业的新模式、智能制造的未来发展趋势；第2章简要介绍智能制造的定义和特征，智能工厂的参考架构模型及总体架构；第3章介绍智能工厂的构成要素，以及各要素的功能特点；第4章介绍智能工厂的使能技术、智能设计、智能制造、生产管理、系统安全等方面的内容；第5章介绍生产过程监控、质量管理、设备故障预警、远程维护等；第6章介绍智能工厂的实施方法、实施步骤，以及i5智能制造实训中心实例；第7章介绍新一代智能制造、智能制造专业人才培养情况及实现智能制造的技术路线等内容。

　　智能工厂具有多学科交叉的特点，并且概念较为抽象，对其中知识点的理解容易造成一定的困难，为此，本书在编写过程中突出如下特色：

　　（1）便于初学者学习

　　本书作为前沿技术科普图书，避免了深奥的理论和技术，以通俗易懂的语言、生动有趣的图片、贴近工厂的实例，讲述智能工厂的相关技术，易学易懂。

　　（2）智能工厂的浓缩

　　本书基于沈阳工学院智能制造实训中心的三条柔性自动加工单元、智能仓储车间、柔性车间管控系统，将智能工厂的相关技术基础理论与实践结合起来，实现了理实融合的编写方式，形式更加新颖，更加具有针对性，同时，增加了可读性、真实性。

（3）案例典型，具有指导性

本书所采用的案例来源于"中国制造2025"的典型示范企业，在智能工厂建设方面，层次清晰，两化融合，图片资料丰富，对于未来从事智能制造领域的读者具有指导意义。

本书由沈阳工学院智能制造相关专业教师编写，具体分工如下：第1章由刘业峰编写，第2章由赵元编写，第3章由王丹编写，第4章由孙维堂编写，第5章由吕尧编写，第6、7章由穆德敏编写。全书由穆德敏统稿。

本书由沈阳工学院李康举、公丕国主审。在编写过程中，还得到了中国通用沈阳机床股份有限公司徐仲和周艳春、三一重型装备有限公司任延举、云科智能制造（沈阳）有限公司杨海波等专家的大力支持，在此表示衷心感谢！

本书编写过程中，还得到了编写单位很多教师和学生的热情帮助，在此表示诚挚的感谢！对于书中存在的不妥之处，敬请读者批评指正。

编著者

目 录

第1章　智能制造的背景　　1

1.1　制造业的发展历程　　1

　　1.1.1　国内制造业的发展历程　　1

　　1.1.2　国外制造业的发展历程　　3

1.2　国外智能制造国家战略　　5

　　1.2.1　德国工业4.0　　5

　　1.2.2　美国工业互联网　　6

1.3　中国制造2025　　8

1.4　智能制造的机遇与挑战　　10

　　1.4.1　智能制造的机遇　　10

　　1.4.2　智能制造的挑战　　12

智海拾贝　制造大脑：制造运营管理（MOM）　　14

第2章　智能工厂的总体框架　　15

2.1　智能工厂的定义和特征　　15

　　2.1.1　智能工厂的定义　　15

　　2.1.2　智能工厂的特征　　16

2.2　智能工厂功能划分　　17

　　2.2.1　Scheer教授提出的智能工厂架构　　17

　　2.2.2　智能工厂五个层级　　18

2.3　智能工厂的核心　　　　　　　　　　　　　　　18

2.4　智能工厂的建设架构与实现　　　　　　　　　19

　　2.4.1　智能工厂的架构体系　　　　　　　　19

　　2.4.2　数字信息化助跑智能工厂　　　　　　21

2.5　智能工厂参考架构模型　　　　　　　　　　23

智海拾贝　德国自动化工业标杆：西门子安贝格工厂　　25

第3章　　智能工厂的构成　　　　　27

3.1　智能工厂构成要素　　　　　　　　　　　　27

3.2　智能工厂装备　　　　　　　　　　　　　　27

　　3.2.1　智能数控机床　　　　　　　　　　　29

　　3.2.2　工业机器人　　　　　　　　　　　　30

　　3.2.3　智能测量设备　　　　　　　　　　　31

　　3.2.4　智能刀具库　　　　　　　　　　　　32

3.3　智能工厂管理系统　　　　　　　　　　　　34

3.4　智能工厂控制系统　　　　　　　　　　　　35

3.5　智能工厂物流系统　　　　　　　　　　　　36

　　3.5.1　AGV　　　　　　　　　　　　　　38

　　3.5.2　RGV　　　　　　　　　　　　　　39

　　3.5.3　立体仓库堆垛机　　　　　　　　　　41

　　3.5.4　自动分拣系统　　　　　　　　　　　41

3.5.5　射频识别技术　　　　　　　　　　42

3.6　智能工厂仓储系统　　　　　　　　　　43

3.7　智能工厂通信系统　　　　　　　　　　44

　　3.7.1　智能工厂通信系统的功能划分　　45

　　3.7.2　现场总线与国家标准　　　　　　46

　　3.7.3　车间网络设计实例　　　　　　　46

3.8　智能工厂加工系统　　　　　　　　　　48

3.9　智能工厂检测系统　　　　　　　　　　50

智海拾贝　数字化制造车间：三一重工　　　51

第4章　智能工厂关键技术　　53

4.1　智能工厂信息使能技术　　　　　　　　53

　　4.1.1　物联网技术　　　　　　　　　　53

　　4.1.2　工业大数据　　　　　　　　　　56

　　4.1.3　云计算技术　　　　　　　　　　58

　　4.1.4　人工智能技术　　　　　　　　　58

　　4.1.5　数字孪生技术　　　　　　　　　61

4.2　智能设计技术　　　　　　　　　　　　62

　　4.2.1　计算机辅助设计　　　　　　　　63

　　4.2.2　计算机辅助工程　　　　　　　　64

　　4.2.3　计算机辅助制造　　　　　　　　66

4.2.4　计算机辅助工艺设计　　　　　　　　　68

4.2.5　产品全生命周期管理　　　　　　　　69

4.2.6　虚拟制造　　　　　　　　　　　　　70

4.3　智能装备与工艺技术　　　　　　　　　　72

4.3.1　设备智能控制技术　　　　　　　　　74

4.3.2　智能加工处理过程　　　　　　　　　77

4.3.3　切削仿真的预测与优化　　　　　　　78

4.3.4　工况自检测　　　　　　　　　　　　80

4.3.5　工艺知识自学习　　　　　　　　　　80

4.3.6　制造过程自主决策及设备自律执行　　82

4.4　智能生产管理技术　　　　　　　　　　　83

4.4.1　智能生产动态调度　　　　　　　　　83

4.4.2　智能物料及仓储管理　　　　　　　　83

4.4.3　预测性制造技术　　　　　　　　　　88

4.4.4　过程质量监控　　　　　　　　　　　89

4.5　智能安全技术　　　　　　　　　　　　　90

智海拾贝　基于OPC UA的通信接口标准　　　91

第5章　　智能工厂运维　　　　　　　　　　93

5.1　智能工厂运行　　　　　　　　　　　　　93

5.1.1　生产过程监控　　　　　　　　　　　93

　　　　5.1.2　产品质量管理及追溯　　　　　　　　　　　95

　　　　5.1.3　生产调度以及数据统计分析　　　　　　　　96

　　5.2　智能工厂维护　　　　　　　　　　　　　　　　98

　　　　5.2.1　设备故障预警　　　　　　　　　　　　　　98

　　　　5.2.2　作业人员管理　　　　　　　　　　　　　　98

　　　　5.2.3　数字化远程维护技术　　　　　　　　　　　99

　　5.3　智能工厂运维存在的困难　　　　　　　　　　101

　　智海拾贝　沈阳工学院智能工厂运行维护　　　　　101

第6章　智能工厂的实施　　　　　　　　103

　　6.1　智能工厂的实施路径　　　　　　　　　　　　103

　　6.2　智能工厂的实施原则　　　　　　　　　　　　108

　　　　6.2.1　推进智能制造的"三要三不要"原则　　　108

　　　　6.2.2　智能工厂的三个维度　　　　　　　　　　109

　　6.3　智能工厂的实施　　　　　　　　　　　　　　110

　　　　6.3.1　智能工厂的相关国家政策及六大方向　　　110

　　　　6.3.2　国内外智能工厂实施现状　　　　　　　　111

　　　　6.3.3　智能工厂实施的步骤　　　　　　　　　　112

　　6.4　机床行业智能工厂实施案例　　　　　　　　　116

　　智海拾贝　青岛某公司智能制造：互联工厂　　　　132

第7章　智能工厂未来展望 135

7.1　新一代智能制造是发展方向 135

7.2　智能制造工程专业人才助力智能工厂发展 136

7.3　推行"并行推进、融合发展"的技术路线 137

智海拾贝　5G+制造，推动智能制造新范式 138

参考文献 140

第1章

智能制造的背景

1.1 制造业的发展历程

1.1.1 国内制造业的发展历程

制造业是立国之本、兴国之器、强国之基。在中国特色社会主义新时期，坚持走中国特色新型工业化道路，加快制造强国建设，加快发展先进制造业，对于实现中华民族伟大复兴的中国梦具有特殊重要的意义。打造具有全球水准的制造业体系，是提升国家综合国力与核心竞争力、保障国家安全和促进可持续发展的必由路径。

我国制造业发展历程如图1-1所示。中国制造不仅实现了数量扩张，而且在质量上也有了显著提升。"国之重器""国家名片"的闪亮面世，壮大了中国制造的科技优势和产业优势。对于全球消费者来说，中国制造的消费品不再是低质低价、"山寨品"的代名词，质优价廉、高性价比成为中国产品新的口碑。可以说，中国已经拥有全球范围内产业门类最为齐全、独立完整性强、产业配套性好且价值链地位不断攀升的工业体系。在以信息化为基本特征的全球第三次工业革命进程中，中国制造实现了从小变大，由全球制造业的"追赶者"成为"并跑者"和局部领域"领先者"的第二次伟大转变。

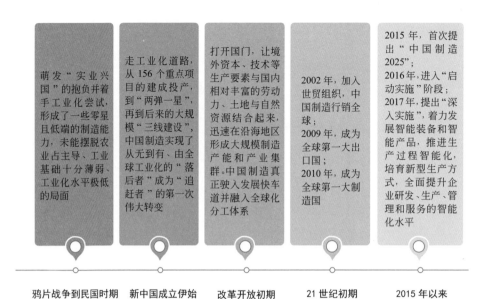

萌发"实业兴国"的抱负并着手工业化尝试,形成了一些零星且低端的制造能力,未能摆脱农业占主导、工业基础十分薄弱、工业化水平极低的局面	走工业化道路,从156个重点项目的建成投产,到"两弹一星",再到后来的大规模"三线建设",中国制造实现了从无到有、由全球工业化的"落后者"成为"追赶者"的第一次伟大转变	打开国门,让境外资本、技术等生产要素与国内相对丰富的劳动力、土地与自然资源结合起来,迅速在沿海地区形成大规模制造产能和产业集群。中国制造真正驶入发展快车道并融入全球化分工体系	2002年,加入世贸组织,中国制造行销全球;2009年,成为全球第一大出口国;2010年,成为全球第一大制造国	2015年,首次提出"中国制造2025";2016年,进入"启动实施"阶段;2017年,提出"深入实施",着力发展智能装备和智能产品,推进生产过程智能化,培育新型生产方式,全面提升企业研发、生产、管理和服务的智能化水平
鸦片战争到民国时期	新中国成立伊始	改革开放初期	21世纪初期	2015年以来

图1-1 国内制造业发展历程

做好中国制造,需要有一种精神。这种精神在过去表现为自力更生、艰苦奋斗,而在今天则是企业家精神、科学家精神、担当精神和工匠精神的有机组合。要以坚定的意志和韧劲,恪守初心、担当使命,既高瞻远瞩、运筹帷幄,又锲而不舍、滴水穿石,力图铸就中国制造业新的辉煌。

图1-2所示为海尔互联工厂。

图1-2 海尔互联工厂

1.1.2 国外制造业的发展历程

国外制造业的发展历程如图1-3所示。

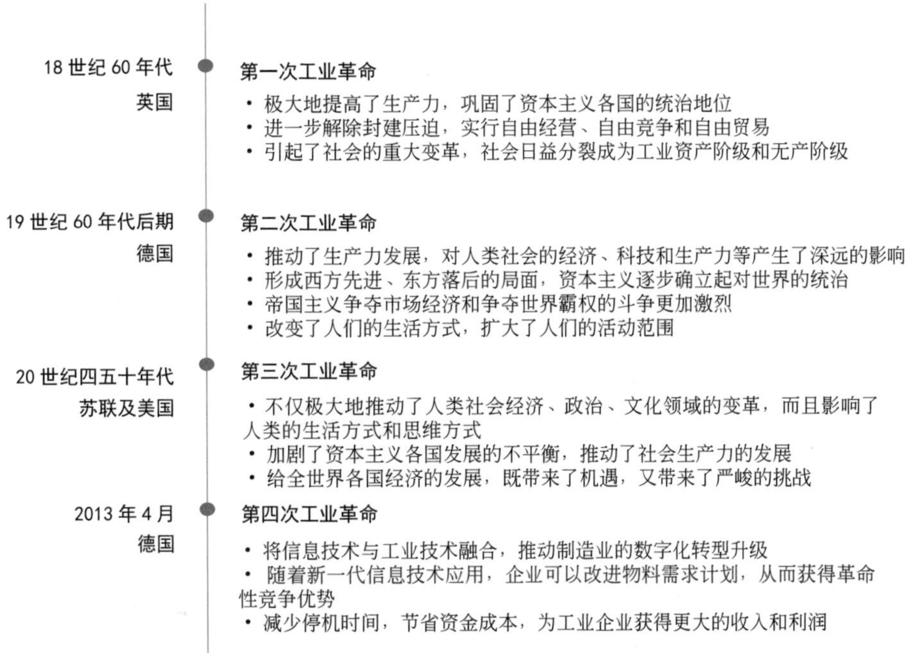

18世纪60年代 英国　**第一次工业革命**
- 极大地提高了生产力，巩固了资本主义各国的统治地位
- 进一步解除封建压迫，实行自由经营、自由竞争和自由贸易
- 引起了社会的重大变革，社会日益分裂成为工业资产阶级和无产阶级

19世纪60年代后期 德国　**第二次工业革命**
- 推动了生产力发展，对人类社会的经济、科技和生产力等产生了深远的影响
- 形成西方先进、东方落后的局面，资本主义逐步确立起对世界的统治
- 帝国主义争夺市场经济和争夺世界霸权的斗争更加激烈
- 改变了人们的生活方式，扩大了人们的活动范围

20世纪四五十年代 苏联及美国　**第三次工业革命**
- 不仅极大地推动了人类社会经济、政治、文化领域的变革，而且影响了人类的生活方式和思维方式
- 加剧了资本主义各国发展的不平衡，推动了社会生产力的发展
- 给全世界各国经济的发展，既带来了机遇，又带来了严峻的挑战

2013年4月 德国　**第四次工业革命**
- 将信息技术与工业技术融合，推动制造业的数字化转型升级
- 随着新一代信息技术应用，企业可以改进物料需求计划，从而获得革命性竞争优势
- 减少停机时间，节省资金成本，为工业企业获得更大的收入和利润

图1-3　国外制造业发展历程

18世纪中叶以来，人类历史上先后发生了三次工业革命，发源于西方国家及衍生国家，并由他们所创新、所主导。前三次工业革命，分别是蒸汽技术革命、电力技术革命和计算机及信息技术革命。

第一次工业革命所开创的"蒸汽时代"（18世纪60年代开始于英国），标志着农耕文明向工业文明的过渡，是人类发展史上的一个伟大奇迹。

第二次工业革命进入了"电气时代"（19世纪60年代后期开始于德国），使得电力、钢铁、铁路、化工、汽车等重工业兴起，石油成为新能源，并促使交通的迅速发展，世界各国的交流更为频繁，并逐渐形成一个全球化的国际政治、经济体系。

第三次工业革命开创了"信息时代"（20世纪四五十年代开始于苏联和美国），全球信息和资源交流变得更为迅速，大多数国家和地区都被卷入到全球化进程之中，世界政治、经济格局进一步确立，人类文明的发达程度也达到空前的高度。第三次工业革命方兴未艾，依旧蓬勃发展。

可以说，前三次工业革命使得人类发展进入了空前繁荣的时代，而与此同时，也造成了巨大的能源、资源消耗，付出了巨大的环境代价、生态成本，并且急剧地扩大了人与自然之间的矛盾。尤其是进入21世纪，人类面临空前的全球能源与资源危机、全球生态与环境危机、全球气候变化危机的多重挑战，由此引发了第四次工业革命——绿色工业革命。重要的是，更加高级的第四次工业革命，是以人工智能、新材料技术、分子工程、虚拟现实、量子信息技术、可控核聚变、清洁能源以及生物技术等为技术突破口的工业革命。

四次工业革命标志如图1-4所示。

（a）蒸汽机

（b）发电机

（c）计算机

（d）自动化车间

图1-4 四次工业革命标志

1.2 国外智能制造国家战略

1.2.1 德国工业4.0

图1-5描述了德国工业4.0的发展历程。2006年，德国虽然是全球重要的出口国，但在成本上缺乏竞争力，很多企业将总部或制造基地从德国转移到了其他国家，在此背景下德国发布了"德国高技术战略"。2008年，国际金融危机爆发后，2010年德国又提出"德国2020高技术战略"。2013年，由多领域专家组成的德国工业4.0工作组发布了专门报告——保障德国制造业的未来：关于实施"工业4.0"战略的建议。报告认为，以信息技术的发明所推动的工业自动化为代表的第三次工业革命，正在向第四次工业革命转变。

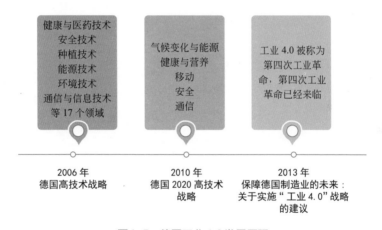

图1-5 德国工业4.0发展历程

工业4.0是前三次工业革命的进一步深化，原因有以下四点：

第一，智能化贯穿制造业的全过程。第四次工业革命将实现全过程、全领域的智能化，不仅包括机器设备，还包括被加工的材料、被组装的零部件，都会装上智慧化的大脑，实现机器与机器的对话、机器与材料的对话，生产过程不再是机械的加工过程，而是变成了生物过程，生产系统将变为生物系统。

第二，工业4.0需要实现全方位的系统整合。德国提出的工业4.0是一项整体优化战略，要通过充分利用德国人力资源方面的技术和知识，最大限度地发掘现有技术和经济的潜能。该战略集中于三个方面：通过价值网实现横向整合，生产网络将与社会网络、城市基础网络等实现完全的无缝连接；将端对端的数字一体化工程贯穿于整个价值链；实现垂直整合和建立网络化制造系统。

第三，工业4.0重点关注内容如图1-6所示。

为了推进第四次工业革命，德国提出了一系列政策措施，首先是组成跨界研究小组或平台。为推进"工业4.0"战略计划的落实，德国三大工业协会——德国信息技术、通讯和新媒体协会（BITKOM）、德国机械设备制造业联合会（VDMA）以及德国电气和电子工业协会（ZVEI）共同建立了"第四次工业革命平台"办事处，以吸引并协调所有参与本次革命的资源。其次，在参与工业4.0的过程中，要充分发挥优势，重视话语权建设。当新的产业革命正在进行之际，德国没有附和其他国家的规划，而是提出工业4.0战略，其目的就是发挥德国的传统优势。

第四，利用市场规模优势，对传统工厂生产模式进行智能化试点改造。

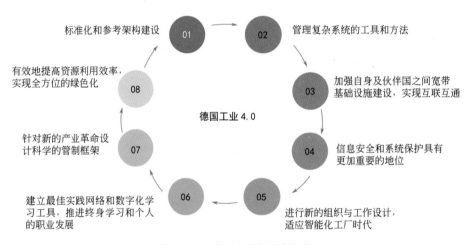

图1-6　工业4.0重点关注内容

1.2.2　美国工业互联网

"工业互联网"的概念最早是由美国通用电气（GE）公司于2012年提出的，其主要含义是，在现实世界中，机器、设备和网络能在更深层次与信息世界的大数据和分析连接在一起，带动工业革命和网络革命两大革命性转变。

美国工业互联网发展历程如图1-7所示。2009年，美国政府提出了"再工业化"战略，优化本国投资环境，吸引本国制造业回归和外国直接投资。2010—2014年，美国制造业以年均3.46%的速度增长，高于同期GDP增长率，制造业就业人数从1200多万上升到1300多万，年均增长2.05%，制造业成为美国经济复苏的重要引擎。

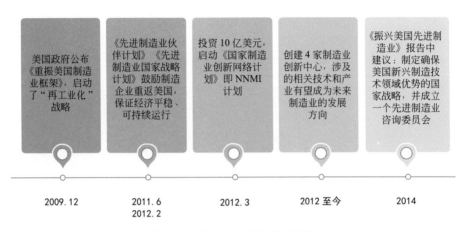

图1-7　美国工业互联网发展历程

美国工业互联网比德国的工业4.0更加注重软件、网络、大数据等对于工业领域服务方式的颠覆。工业互联网是实现所有机器互联，而不仅仅是制造工厂的机器设备，最终实现机器与机器的融合、人与机器的融合。工业互联网的方向是构建智能制造的生态系统，是互联网和物联网发展及全球产业竞争的重要方向，其带来的趋势变化如图1-8所示。

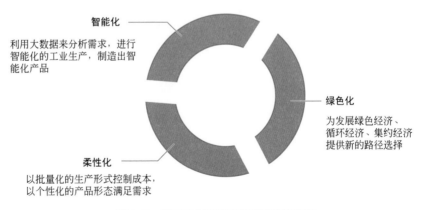

图1-8　美国工业互联网带来的趋势变化

GE提出的工业互联网是美国"互联网+工业"模式的典型代表。GE的创新主要体现在客户的需求、技术上的可行和商业上的可行这三个方面相辅相成。创新的敲门砖是时间的投入，如果要在全球制造业保持竞争力，一定要保证这三个方面的投入比竞争对手快。其再工业化的基础是业务重组，专注于数字业务和实体业务的整合。伴随着数字与实体的结合，工业领域出现了巨大的变化，出现了新的业务模式、新的工业流程、新的原材料乃至新的制造业生产方式。

电子互联的因素被整合到一起，投入到工厂生产中。而工厂的运营建立在纯制造、智能机械、灵活性的工厂、巨大的供应链四大支柱上。四种支柱的实现需要包括信息高速公路在内的IT基础设施作支撑，也需要一个共同软件平台来整合软件。Predix系统就是GE推出的对所有软件开发者开放的平台，可以在此基础上建立商店和开发应用软件，允许不同的工厂使用不同的设备，并且可以相互沟通、不断优化。美国中央政府对再工业化的国家战略支持如图1-9所示。

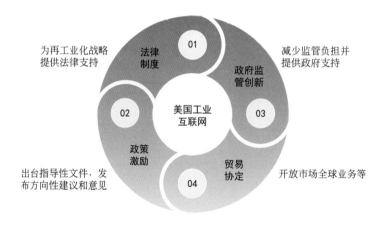

图1-9　美国中央政府对再工业化的国家战略支持

1.3　中国制造2025

"中国制造2025"提出了我国制造强国建设三个十年的"三步走"战略，是第一个十年的行动纲领。"中国制造2025"应对新一轮科技革命和产业变革，立足我国转变经济发展方式实际需要，围绕创新驱动、智能转型、强化基础、绿色发展、人才为本等关键环节，以及先进制造、高端装备等重点领域，提出了加快制造业转型升级、提质增效的重大战略任务和重大政策举措，力争到2025年从制造大国迈入制造强国行列。

（1）全球制造业格局面临重大调整

新一代信息技术与制造业深度融合，正在引发影响深远的产业变革，形成新的生产方式、产业形态、商业模式和经济增长点，具体调整如图1-10所示。我国制造业转型升级、创新发展迎来重大机遇。我国制造业面临发达国家和其他发展中国家"双向挤压"的严峻挑战，必须放眼全球，加紧战略部署，着眼建设制造强国，固本培元，化挑战为机遇，抢占制造业新一轮竞争制高点。

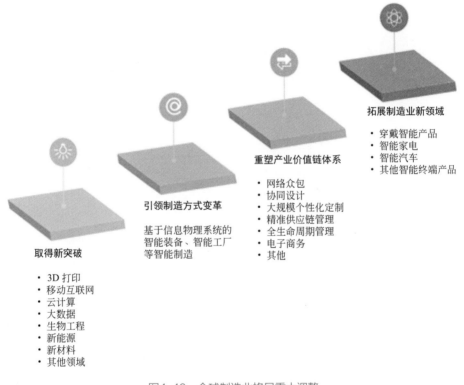

图1-10　全球制造业格局重大调整

（2）我国经济发展环境发生重大变化

随着新型工业化、信息化、城镇化、农业现代化同步推进，超大规模内需潜力不断释放，为我国制造业发展提供了广阔空间。各行业新的装备需求、人民群众新的消费需求、社会管理和公共服务新的民生需求、国防建设新的安全需求，都要求制造业在重大技术装备创新、消费品质量和安全、公共服务设施设备供给和国防装备保障等方面迅速提升水平和能力。全面深化改革和进一步扩大开放，将不断激发制造业发展活力和创造力，促进制造业转型升级。

（3）建设制造强国任务艰巨而紧迫

经过几十年的快速发展，我国制造业规模跃居世界第一位，建立起门类齐全、独立完整的制造体系，成为支撑我国经济社会发展的重要基石和促进世界经济发展的重要力量。持续的技术创新，大大提高了我国制造业的综合竞争力。载人航天、载人深潜、大型飞机、北斗卫星导航、超级计算机、高铁装备、百万千瓦级发电装备、万米深海石油钻探设备等一批重大技术装备取得突破，形成了若干具有国际竞争力的优势产业和骨干企业，立足国情，立足现实，力争通过"三步走"实现制造强国的战略目标，如图1-11所示。

图1-11 "三步走"战略

1.4 智能制造的机遇与挑战

1.4.1 智能制造的机遇

21世纪以来，信息技术、生物技术、新材料技术、能源与环境技术、航空航天技术和海洋开发技术等六大科学技术的迅猛发展与广泛应用，引领了整个世界范围内传统制造业的大发展，引起了制造业的巨大变革。与此同时，经济全球化趋势正不断加强，各个领域的技术交流、经贸交流日益扩大。世界上发生的这些进步、变革与发展，使当代制造业的生态环境、产业结构与发展模式等都发生了深刻变化，这些变化对制造业提出了新的要求，制造业正面临着新的发展机遇与挑战。

制造业的模式变化历程如图1-12所示。

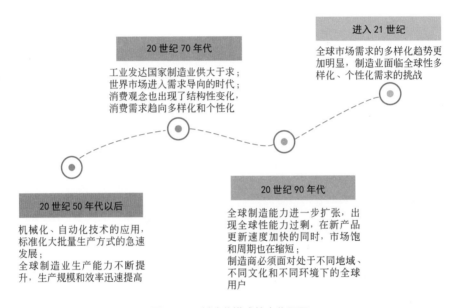

20世纪70年代

工业发达国家制造业供大于求；
世界市场进入需求导向的时代；
消费观念也出现了结构性变化，
消费需求趋向多样化和个性化

进入21世纪

全球市场需求的多样化趋势更加明显，制造面临全球性多样化、个性化需求的挑战

20世纪50年代以后

机械化、自动化技术的应用，标准化大批量生产方式的急速发展；
全球制造业生产能力不断提升，生产规模和效率迅速提高

20世纪90年代

全球制造能力进一步扩张，出现全球性能力过剩，在新产品更新速度加快的同时，市场饱和周期也在缩短；
制造商必须面对处于不同地域、不同文化和不同环境下的全球用户

图1-12　制造业模式的变化历程

1958年，世界上第一块硅集成电路（IC）问世，揭开了人类社会进入"硅"时代的序幕。半个多世纪以来，IC技术迅猛发展，推动了信息与网络技术的发展，并对制造业产生了革命性影响，如图1-13所示，传统的产品结构、生产观念、生产组织、生产方式发生了根本变化。未来的产品是基于机电一体化的信息和智能产品，未来的制造技术将向数字化、智能化、网络化发展，信息技术将贯穿整个制造业。在以现代信息技术为核心的制造技术基础上发展起来的敏捷制造、虚拟制造、精益生产及智能制造等现代制造系统，将进一步促进未来制造业的发展。

如图1-14所示，新材料与新工艺不断涌现。

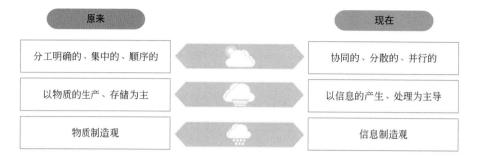

图1-13　信息技术对制造业产生的影响

图1-14　新材料与新工艺的涌现

　　根据国际生产工程学会近10年的统计，国外发达国家所涌现的先进制造系统和先进制造生产模式多达33种。在这33种制造系统和制造生产模式中，有的已投入生产使用，产生了可观的经济效益，如制造资源计划、准时生产制、计算机辅助工艺规划、柔性制造系统和计算机集成制造系统等；有的还不很成熟，但却在制造业中有一定影响，如并行工程、智能制造和网络合作制造等；有的正处于探索阶段，但却有未来应用前景，如生物制造、全球制造和下一代制造生产模式等。现代制造模式的推广和应用，必将带动制造业的整体变革，提高制造业的产业水平和竞争力。

1.4.2　智能制造的挑战

　　由于我国工业化起步晚，技术积累相对薄弱，信息化水平相对较低，我国制造业智能化升级面临着严峻的挑战，如图1-15所示。

 "两化"融合的整体水平有待进一步提升
- 我国地区间、行业间以及企业之间信息化发展不平衡
- 大部分企业尚处于电气化、自动化甚至机械化阶段
- 半机械化和手工生产在一些欠发达地区仍然存在

 智能制造的基础研发能力相对较弱
- 我国产、学、研的整体科技水平与先进国家差距较大
- 智能化的软硬件缺乏自主研发技术
- 高端传感器、操作系统、关键零部件主要依赖进口

智能制造生产模式尚处于起步阶段
- 我国企业长期依靠低廉劳动力
- 在国际国内市场上拼价格，导致全球价值链低端锁定
- 多数企业使用智能设备替代人工的动力不足

 智能制造标准、工业软件、网络信息安全基础薄弱
- 中国在全球制造标准领域缺少话语权及影响力
- 我国在工业软件开发方面缺少自主知识产权，处于劣势

 高素质复合型人才严重不足
- 经营管理层面：缺少预见力的领军人物，以及在高水平的研发等方面的专门人才
- 员工队伍层面：缺少现代型技工、复合型的技工，员工综合素质偏低
- 国家战略层面：缺少智能制造标准制定、国际谈判等方面的高级专业人才

图1-15　我国制造业智能化升级面临的挑战

一是装备制造业仍然是瓶颈，跟不上智能制造发展的要求。智能制造最终还是要落到制造技术和装备上，虽然我国在互联网、物联网、大数据、云计算等数字化技术以及5G深入应用上处于优势地位，但在制造执行单元，如机床方面，我国与一些发达国家相比还存在很大的差距。同时，基础数据平台深度开发不受控。企业要实现智能制造，需要MES和ERP等两个基础系统平台。而我国还没有相关自主研发的软件平台，系统平台要依赖于欧美，因此，在深度定制开发上受到限制。

二是智能制造的基础研发能力相对较弱。我国产、学、研的整体科技水平与一些发达国家仍有较大差距，智能化的软硬件缺乏自主研发技术，高端传感器、操作系统、关键零部件主要依赖进口，在一定程度上阻碍了智能制造的发展。

三是智能制造生产模式尚处于起步阶段。现阶段，即使一些引入智能设备的企业，也大部分停留在初级应用阶段，以智能制造整合价值链和商业模式的企业屈指可数，还没有形成构建智能制造体系的战略思维和总体规划。

四是智能制造标准、工业软件、网络信息安全基础薄弱。标准是产业特别是高技术产业领域工业大国和商业巨头的必争之地，主导标准制定意味着掌握市场竞争和价值分配的话语权。我国虽然是制造大国，但是由我国主导制定的制造业国际标准数量并不多，国际上对中国标准的认可度也不高。

五是高素质复合型人才严重不足。

智海拾贝

制造大脑：制造运营管理（MOM）

制造运营管理（MOM）是制造执行系统（MES）的演变，MES的工作是MOM的一部分。MES是一种连接、监控和控制工厂车间复杂制造系统和数据流的信息系统，主要关注制造车间发生的事情。MOM包括制造执行系统和分析制造过程，MOM系统作为传统MES的进一步拓展，包含生产运行管理、维护运行管理、质量运行管理、库存运行管理，四个方面共同服务于企业制造运作全过程，而不是片面地强调生产执行。MOM用以满足所有采用工业4.0原则的公司的复杂需求。制造运营管理（MOM）如图1-16所示。

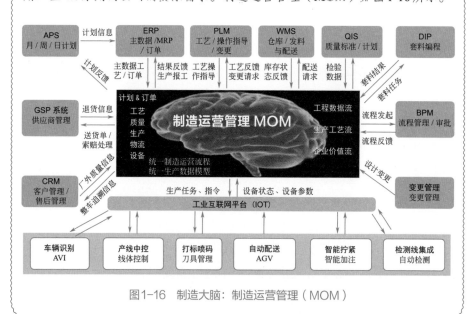

图1-16　制造大脑：制造运营管理（MOM）

第2章

智能工厂的总体框架

2.1 智能工厂的定义和特征

2.1.1 智能工厂的定义

工业4.0是德国"高技术战略2020"十大未来项目之一，旨在支持工业领域新一代革命性技术的研发与创新，推动制造业向智能化转型。德国工业4.0的两大主题是"智能生产"和"智能工厂"，智能工厂是智能制造的载体，其中，构建智能工厂是工业4.0的一个关键特征。

智能工厂是以数字化为基础，以客户为中心，利用机器人、人工智能和物联网等技术自主运行，围绕工程技术、生产制造和营销三个维度，通过制造执行系统（MES）的核心驱动，进行企业产品全生命周期的管理，实现企业办公、管理及生产过程的信息化、自动化、智能化、可视化，进而达到企业精细化管理，减少各种浪费，提高工作效率，落实安全生产，提供决策参考，提高企业智能化管理的水平。

智能工厂借助于智能CAD（计算机辅助设计）、CAPP（计算机辅助工艺设计）、CAM（计算机辅助制造）技术，并将ERP（企业资源计划）、MES（制造执行系统）、

SAP（企业管理解决方案）及PLM（产品生命周期管理）等软件有效融合应用于生产制造，进行全方面信息的控制，确保生产的各个环节都能处于最优状态，智能管控，智能决策，实现真正的智能生产，如图2-1所示。

图2-1 智能工厂的缩影

2.1.2 智能工厂的特征

智能工厂将柔性自动化技术、物联网技术、工业机器人技术、建模与仿真技术、数字孪生技术、人工智能和大数据技术等全面应用于智能产品设计、智能工艺设计、生产制造、企业运营等各个阶段，如图2-2所示。

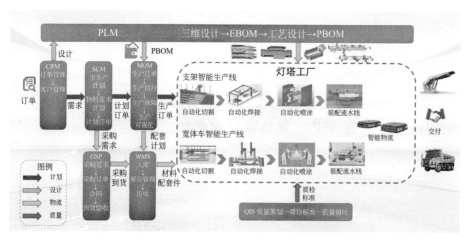

图2-2 智能工厂的数字化

智能工厂根据行业的不同，可分为离散型智能工厂和流程型智能工厂，追求的目标都是生产过程的优化，大幅提升生产系统的性能、功能、质量和效益。

智能工厂具有以下主要特征：

① 以客户为中心，零件加工柔性化、信息化，可实现私人定制；

② 信息基础设施之间高度互联，信息传输和对接可实现实时化和自主性；

③ 借助于MES（制造执行系统），实现加工过程的透明化、可视化；

④ 生产任务在智能系统管理下，现场无人化，可实现"黑灯"工厂；

⑤ 产品设计采用CAD技术，产品研发周期大幅缩短，加工工艺设计实现数字化，更加快捷高效；

⑥ 数字化贯穿产品全生命周期，可实现无纸化办公；

⑦ 智能工厂作为实现柔性化、自主化、个性化定制生产任务的核心技术，将显著提升企业制造水平和竞争力。

2.2 智能工厂功能划分

2.2.1 Scheer教授提出的智能工厂架构

著名业务流程管理专家August-Wilhelm Scheer教授提出的智能工厂框架强调了MES（制造执行系统）在智能工厂建设中的枢纽作用，如图2-3所示。

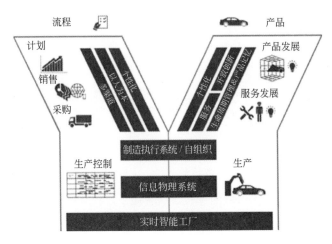

图2-3　Scheer教授提出的智能工厂架构

2.2.2 智能工厂五个层级

智能工厂从功能上，可以分为基础设施层、智能装备层、智能产线层、智能车间层和工厂管控层五个层级，如图2-4所示。

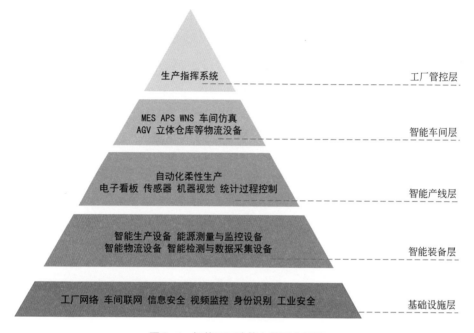

生产指挥系统	工厂管控层
MES APS WNS 车间仿真 AGV 立体仓库等物流没备	智能车间层
自动化柔性生产 电子看板 传感器 机器视觉 统计过程控制	智能产线层
智能生产设备 能源测量与监控设备 智能物流设备 智能检测与数据采集设备	智能装备层
工厂网络 车间联网 信息安全 视频监控 身份识别 工业安全	基础设施层

图2-4 智能工厂功能上的五个层级

2.3 智能工厂的核心

"中国制造2025"明确提出了"以信息化与工业化深度融合为主线"，重点发展新一代信息技术、航空航天装备、高档数控机床等十大领域，实现中国由制造大国向制造强国的转变，表明中国开始逐渐重视智能工业的发展，试图把握住新一轮发展机遇，实现工业化转型。

"德国工业4.0"基于信息物理系统（Cyber Physical Systems，CPS），立足于机械制造、自动化工业等领域的优势，在智能工厂和智能生产两个方向展开研究；而"美国工业互联网"则是基于美国领先的互联网技术，最终实现高端制造业的再工业化。

不同国家的战略侧重点不同，但是焦点却是相同的，那就是基于信息物理系统的智能工厂。信息物理系统通过人机交互接口实现和物理进程的交互，使用网络化空间以远程的、可靠的、实时的、安全的、协作的方式操控一个物理实体，如图2-5所示。

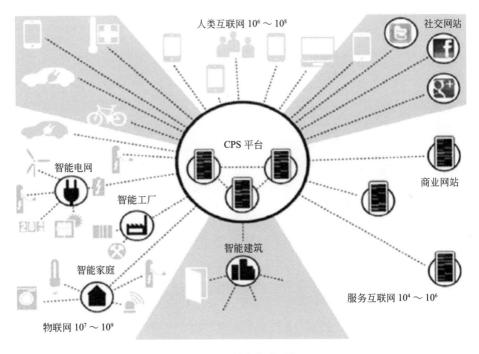

图2-5　信息物理系统

CPS的意义在于将物理设备连接到互联网上，让物理设备具有计算、通信、精确控制、远程协调和自治五大功能。因此，CPS本质上是一个具有控制属性的网络，但它又有别于现有的控制系统。

2.4　智能工厂的建设架构与实现

2.4.1　智能工厂的架构体系

机械制造业智能工厂的参考框架如图2-6所示。由于CPS进入制造和物流的技术集成以及在工业流程中使用物联网及其服务，从而产生了创新的工厂系统——智能工厂，在CPS的支持下，利用嵌入式计算机和网络对物理过程进行监测和控制，构建智能设计、智能产品、智能经营、智能服务、智能生产、智能决策六大系统，建立了企业标准、信息网络安全、企业信息门户三大体系。

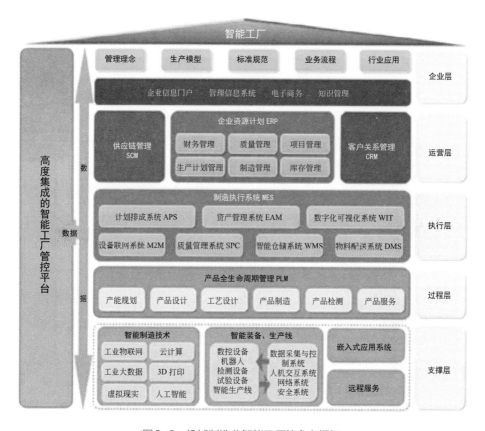

图2-6　机械制造业智能工厂的参考框架

信息物理系统是智能工厂万物互联的基础。通过物联网、服务网将制造业企业设施、设备、组织、人互通互联，集计算机、通信系统、感知系统于一体，实现对物理世界安全、可靠、实时、协同感知和控制，对物理世界实现"感""联""知""控"。

智能工厂采用面向服务的体系架构，通过企业信息门户实现与供应商、客户、合作伙伴的横向集成以及企业内部的纵向集成。要做到这些集成，首先要有一系列标准的支持，以及信息安全的保障。因此，智能工厂具有环境感知性、自愈性、异构性、开放性、可控性、移动性、融合性和安全性等特点。

2.4.2 数字信息化助跑智能工厂

数字信息化是国际发展趋势，各国都对数字信息化的发展极其重视。在"数字中国"中，"数字医疗""数字航天"等最能体现对数字信息化的重视。例如，某些医疗行业的信息管理系统，能够进行各种资源的整合，过程的数据采集、信息的统计分析布局全球，通过整体建设，提高医院的服务水平与核心竞争力，如图2-7所示。

实现智能工厂，需要构成企业的六大方面（人、机、料、法、环、测）有机组合，通过数字信息化理念，将客户集成、智力集成、纵向集成、横向集成、价值链集成这五方面进行集成，采用精益生产中的"零浪费"理念，建立各种信息化平台。

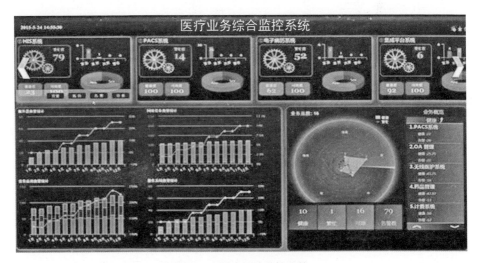

图2-7 数字医疗监控系统

在工业4.0的驱动之下，传统的工厂正朝着智能工厂升级转型，通常先从建构内部信息系统入手，由上而下地进行，同时导入物联网、云端计算、大数据等数字管理技术。

物联网、云端计算、大数据的广泛应用，意味着越来越多的数据、协同、智能、安全等因素碰撞在一块，随着智能产品、智能物流、智能机器人等自动化技术的不断发展，给生产型企业带来巨大的变化，依据智能化生产车间的自动化系统，推动企业从客户出发，提高快速反应市场能力，改变传统的盈利模式，从而处理传统式工厂运营效率短板，重构新型工业系统的结构。

智能工厂，离不开智能化生产车间。作为智能化生产车间，首先，信息基础设施高度互联，包含生产线设备、智能检测、智能机器人、实际操作人员、智能物料周转和成品；其次，有实时系统，能够实时进行信息传输和连接；最后，从柔性化、智能化到数字信息化，这也是智能工厂的未来发展趋势，如图2-8所示。

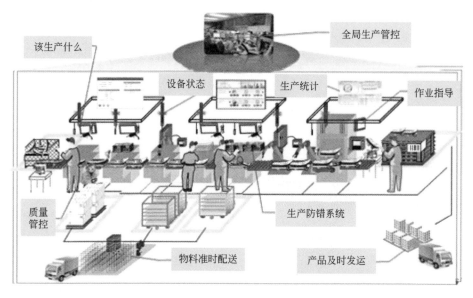

图2-8　企业生产运营价值链

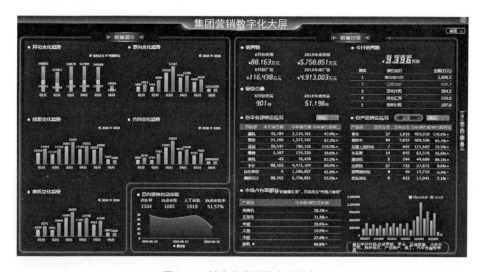

图2-9　某企业营销数字化平台

智慧服务逐步深入智能工厂，广泛运用5G、互联网、物联网、云计算、大数据、区块链和人工智能等技术，建设智慧管理服务平台，对接工厂上下游企业，构建面向用户的管理平台，服务客户，通过用户实际体验带动企业内部的主动革新，实现企业由工业制造商向工业服务商转变，贴近客户，为客户提供全方位智慧服务，如图2-9所示。

2.5 智能工厂参考架构模型

工业4.0核心内容就是建一个网络，CPS能够实现虚拟网络世界与现实物理世界的融合。具体为：

三项集成：横向集成、纵向集成与端对端的集成；

一个数据处理：运用大数据进行处理分析。

通过CPS形成一个智能网络，使人与人、人与机器、机器与机器以及服务与服务之间能够互联，从而实现横向、纵向和端对端的高度集成，传感器会带来无所不在的感知和无所不在的连接，使所有的生产装备、感知设备、联网终端过程数据化，贯穿产品的全生命周期。

智能工厂是通过构建网络化分布生产设施、智能化生产系统，实现生产过程的智能化。智能工厂已经具有了自主能力，具备了自我学习、自行维护能力，因此，智能工厂实现了人与机器的相互协调合作，其本质是基于CPS的人机交互。

结合各行业智能化水平的不同，智能工厂主要有以下三种不同的建设模式。

（1）从生产过程数字化到智能工厂

在石化、钢铁、冶金、建材、纺织、造纸、医药、食品等流程型制造领域，在开展"智能工厂"时，应参考《智能制造发展规划（2016—2020年)》《智能制造工程实施指南（2016—2020年)》和《智能制造试点示范项目要素条件》三份政策文件，侧重于从生产数字化建设起步，搭建企业CPS系统，打造适合企业的供应链体系，将大数据技术融入过程管理，基于品控需求从产品末端控制向全流程控制转变。如图2-10所示为某企业的化工智能工厂架构图。

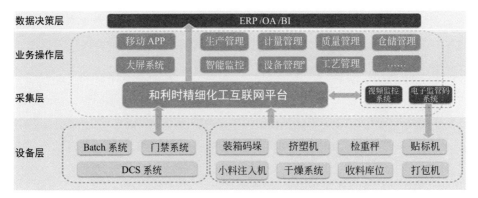

图2-10　某企业的化工智能工厂架构图（流程型）

（2）从智能制造生产单元（装备和产品）到智能工厂

在机械、汽车、航空、船舶、轻工、家用电器和电子信息等离散型制造领域，开展智能制造的研究，主要是将所有的设备及工位统一联网管理，使设备与设备之间、设备与计算机之间能够联网通信，设备与工位人员紧密关联。新的信息技术如条形码、二维码、RFID、工业传感器、工业自动控制系统、工业物联网、MES、ERP、CAD/CAM/CAE/CAI等技术在离散型制造企业中得到广泛应用。加工过程中，每隔几秒就收集一次数据，这些数据可以实现很多形式的分析，包括设备开机率、主轴运转率、主轴负载率、运行率、故障率、生产率、设备综合利用率（OEE）、零部件合格率、质量百分比等。因此，通常会引入柔性加工单元，建立基于CPS系统的车间级智能生产单元，提高敏捷制造的能力；利用产品的智能装置实现与CPS系统的互联互通，支持产品的远程故障诊断和实时诊断等服务；推进协同作业及混流生产，实现生产、经营和服务的无缝集成和上下游企业间的信息共享，提高产业效率和核心竞争力。某企业的离散型智能工厂架构如图2-11所示。

（3）从个性化定制到互联工厂

在家电、服装、家居等距离用户最近的消费品制造领域，重点关注客户个性需求和批量经济方面，实现私人定制，侧重通过互联网平台开展大规模个性定制模式创新。因此，会重点推广个性化定制生产，引入柔性化生产线，发展互联网经济；同时，推行扁平化协同模式，虚实整合，通过互联网，打通客户、设计、生产、制造、物流完整产业链，实现全流程的数据信息化，依托互联网实现信息互通互享。

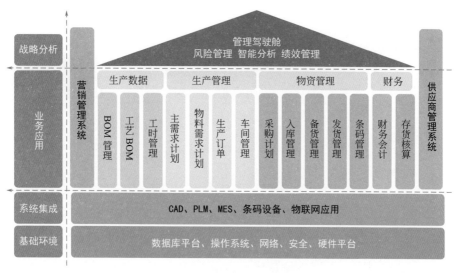

图2-11 某企业的智能工厂架构图（离散型）

智海拾贝

德国自动化工业标杆：西门子安贝格工厂

位于德国巴伐利亚州东部城市的安贝格工厂，是德国政府、企业、大学以及研究机构合力研发全自动、基于互联网智能工厂的早期案例，如图2-12所示。目前，安贝格工厂有1200多名员工，一条生产线仍然有6～8名操作工人，同时有30～40人的技术人员进行支撑，确保物料、设备、产品检验等工作顺利开展。通过持续的改善，在员工没有增加的情况下，产能提高到原来的8倍，质量水平达到了99.9989%，追溯性更是达到100%，近千个制造单元仅通过互联网进行联络，大多数设备都在无人力操作状态下进行挑选和组装。这样的智能工厂能够让产品完全实现自动化生产，堪称智能工厂的典范！

数字信息化、数字孪生、模拟仿真、模块化及相对标准化的产品设计，和基于自己产品的物料清单、工艺清单的数字化、信息化与自动化的高度融合，是德国实现工业4.0的重要因素。

图2-12　西门子安贝格工厂

　　　图解智能工厂

第3章

智能工厂的构成

3.1 智能工厂构成要素

随着智能时代的到来，智能制造已成为大型企业未来占据制高点的一个优势。随着大数据、互联网、AR、人工智能、5G等新技术的发展，产生了各种各样的新产品，新产品推动新设备的产生和应用，智能工厂的概念应运而生。

智能工厂的8个构成要素有：智能工厂装备、智能工厂管理系统、智能工厂控制系统、智能工厂物流系统、智能工厂仓储系统、智能工厂通信系统、智能工厂加工系统、智能工厂检测系统。智能工厂构成要素如图3-1所示。

智能工厂就是在这8个要素的基础上，实现设备与设备的互联，通过与设备控制系统集成以及外接传感器等方式，实时采集设备的状态，将生产完工的信息、质量信息通过射频识别（RFID）技术实现生产过程的可追溯。制能工厂的一般性业务流程如图3-2所示。

3.2 智能工厂装备

智能制造装备是具有感知、分析、推理、决策和控制功能的制造装备的统称，它是先进制造技术、信息技术和智能技术在装备产品上的集成和融合，体现了制造业的智能化、数字化和网络化的发展要求。智能制造装备的水平已成

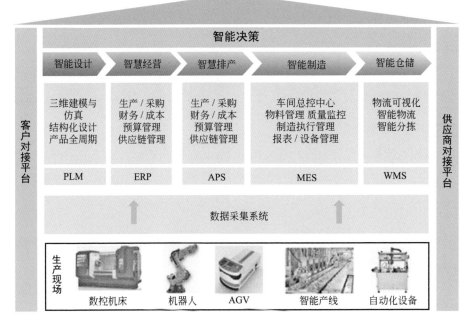

图3-1 智能工厂构成要素

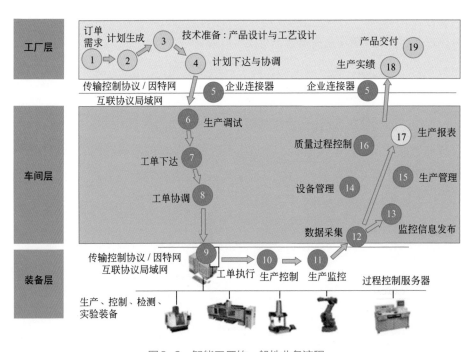

图3-2 智能工厂的一般性业务流程

为当今衡量一个国家工业化水平的重要标志，如智能数控机床、工业机器人、智能测量设备等。

3.2.1 智能数控机床

工业4.0的到来，要求通过智能工厂、智能生产线、物联网等工具，实现生产和流通领域的智能化，进而为消费者提供高度个性化的产品；与此相适应，数控机床必须向智能化、网络化、柔性化方向发展，以满足工业4.0的深层需求。

第三次工业革命最典型的产品是数控机床，数控机床能够根据获取的自身参数信息和环境信息进行思考，达到自适应性和高效生产的目的。

综合来说，智能数控机床应该具有感知功能、决策功能、自动控制功能、信息通信功能、自主学习的功能。智能数控机床能够根据工件加工过程中所获取的数据实时评估所加工工件的质量。另外，其实时获取的数据也会存放于数据库，满足自主学习的需求。智能机床控制原理如图3-3所示，i5智能数控机床如图3-4所示。

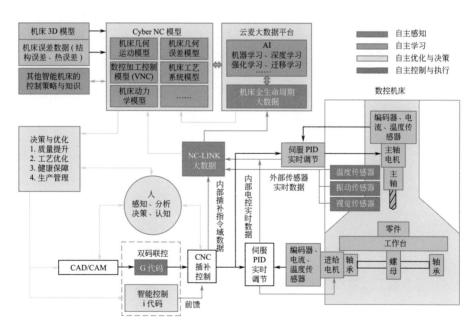

图3-3　智能机床控制原理

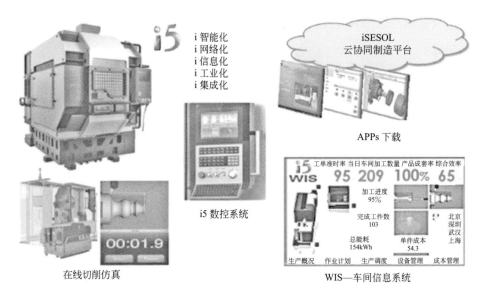

图3-4　i5智能数控机床

3.2.2　工业机器人

工业机器人是面向工业领域的多关节机械手或多自由度的机器装置，它能自动执行动作，是靠自身动力和控制能力来实现各种功能的一种机器。工业机器人在工业生产中能代替人完成某些单调、频繁和重复的长时间作业，或是危险、恶劣环境下的作业。例如，在冲压、压力铸造、热处理、焊接、涂装、塑料制品成型、机械加工和简单装配等工序上，完成物料的搬运或其他工艺操作。

工业机器人是集机械、电子、控制、计算机、传感器、人工智能等多学科的先进技术于一体的现代制造业自动化重要装备。最早的工业机器人是示教-再现机器人，工程师通过手把手示教，使机器人完成各种简单的重复动作。在示教过程中，机械手可依次通过工作任务的各个位置，这些位置序列全部记录在存储器内，在任务的执行过程中，机器人的各个关节在伺服驱动下依次再现上述位置，所以这种机器人被称为"示教再现"机器人。

工业机器人一般由机械本体、驱动系统、控制系统、感知系统、末端执行器五部分组成。工业机器人自由度的构成如图3-5所示，工业机器人系统的一般组成如图3-6所示。

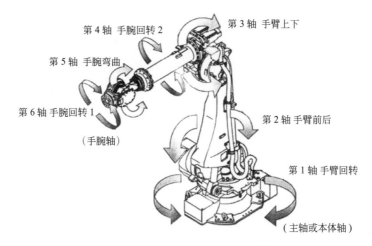

第4轴 手腕回转2
第3轴 手臂上下
第5轴 手腕弯曲
第6轴 手腕回转1
（手腕轴）
第2轴 手臂前后
第1轴 手臂回转
（主轴或本体轴）

图3-5　六自由度机器人自由度的构成

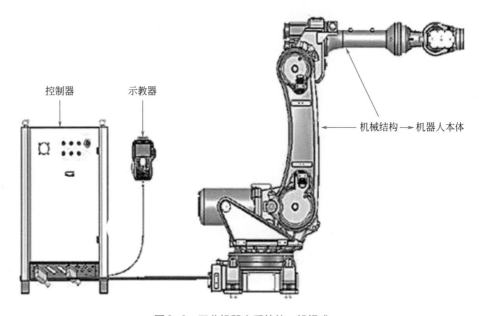

控制器
示教器
机械结构——机器人本体

图3-6　工业机器人系统的一般组成

3.2.3　智能测量设备

对工件的检测，既可以在线进行，也可以离线进行。在线测量过程中，通常采用三坐标测量机，有时也采用其他自动检测装置。

三坐标测量是检验工件的一种精密测量方法。三坐标测量机也是智能测量

图3-7 三坐标测量机

设备之一，其广泛应用于机械制造业、汽车工业、电子工业、航空航天工业和国防工业等各部门。它的出现，是由于智能数控机床面向越来越复杂形状零件的加工，且要求有快速可靠的测量设备与之配套，另外，精密加工技术的发展也为三坐标测量机的产生和发展奠定了技术基础。现代的三坐标测量技术不仅能够在计算机的控制下完成各种复杂的测量，还可以根据测量的数据实现数据建模，目前已成为现代工业检测和质量控制不可缺少的测量设备，涉及的部门和行业非常广泛，如图3-7所示。

3.2.4　智能刀具库

智能刀具库属于加工单元所用刀具的管理区域。为了实现智能工厂的功能，方便智能数控机床取放刀具，对加工中心的各种组成部分提出了更高的性能指标。在加工中心备有刀具库，可以大大增加刀具的存储容量，有利于扩展智能数控机床的功能。数控车床所用刀具库如图3-8所示。

刀具管理的科学性直接影响车间的生产效率和企业的经济效益，因此，对刀具管理的要求也越来越高。现阶段，在生产过程中，库存冗余积压、呆滞品不断产生、刀具不明损耗巨大、领料过程繁琐效率低下、车间管理系统化程度不足的问题一直是困扰生产车间的难题。

针对上述问题，国内很多厂家推出了"智能刀具管理系统"，该系统可以通过提供全面的数据分析，让用户合理决策库存与采购周期，减少呆滞品，通过数据分析，优化生产工艺，减少消耗量，跟踪物料的流向，减少不明损耗，从根本上解决车间物料错领漏领问题。智能刀具柜使物料消耗成本下降20%，已经得到了众多用户的验证，真正为用户做到了降本增效，让设备、工单、人员与物料领用实现匹配管理与全程跟踪。该系统从入库、上柜、领料、回收四个细分步骤进行把控，每一步操作都落实责任到单个员工，详细记录整个流程，让领料更透明、更高效；缺料时自动预警，提高处理效率。该系统功能如图3-9所示。

图3-8　数控车床刀具库

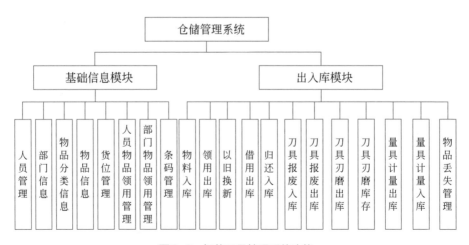

图3-9　智能刀具管理系统功能

3.3 智能工厂管理系统

智能工厂管理系统是指能够实现车间数字化、智能化、精细化管理的平台，上层对接ERP系统，下层连接现场制造执行层，对车间生产所有活动过程进行全面监控和管理，可以将人、机器和系统的作用协同整合起来，充分发挥各自所长，促进整个生产过程的不断优化。智能工厂管理系统的构成如图3-10所示，MES的功能框架如图3-11所示。

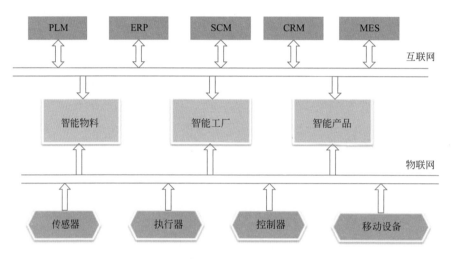

图3-10 智能工厂管理系统的构成

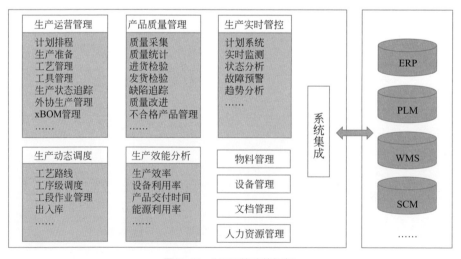

图3-11 MES的功能框架

智能工厂管理系统的组成一般包括以下几个方面：

① PLM（Product Lifecycle Management），产品全生命周期管理；

② ERP（Enterprise Resource Planning），企业资源计划；

③ SCM（Supply Chain Management），供应链管理；

④ CRM（Customer Relationship Management），客户关系管理；

⑤ MES（Manufacturing Execution System），制造执行系统。

3.4 智能工厂控制系统

智能工厂控制系统是将智能技术应用于工厂的生产计划与调度、质量控制、设备维护的系统，其着眼于解决产品生产过程的问题。工业生产中的电气、自动控制系统纳入设备控制系统。工业智能控制系统不能孤立存在，需要与设备控制系统、企业信息化系统结合，才能发挥其"智能"作用。智能应用的基础是数据，要对生产过程数据进行大量、长期、全过程的采集和存储。基于这些数据，与生产机理模型相结合，对模型参数甚至算法进行优化，就能得到最优的生产指令、监测报告，从而保证生产平稳、质量可靠。

智能工厂控制过程通过控制部件对实时数据进行采集、监测，在计算机的调配下，实现设备自动化运行以及对业务流程的管理与监控，其特点主要表现在数据传送的实时性、数据的事件驱动以及数据源主动推送等。智能控制系统的控制流程图如图3-12所示。

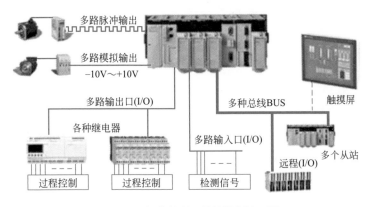

图3-12　智能控制系统的控制流程图

智能控制系统是指具备一定智能行为的系统。一般地，智能工厂控制系统由三方面组成：应用层、网络层和感知层。

对于一个问题的激励输入，系统具备一定的智能行为，能够产生合适的求解问题的响应，一般由执行器、传感器、信息处理器、规则和控制器、认知、通信接口几部分构成。智能控制系统的构成如图3-13所示。

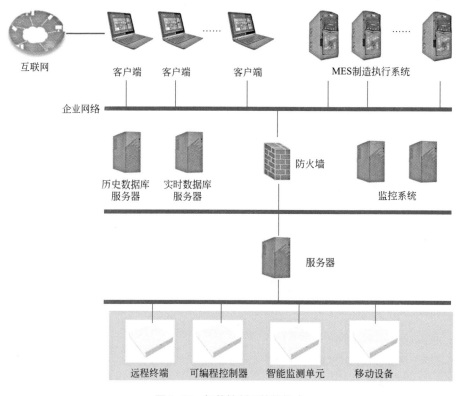

图3-13　智能控制系统的构成

3.5　智能工厂物流系统

数字化工厂（DF）是以产品全生命周期的相关数据为基础，在计算机虚拟环境中，对整个生产过程进行仿真、评估和优化，并进一步扩展到整个产品全生命周期的新型生产组织方式。在数字化工厂中，仓储物流规划的地位尤为重要。

智能物流利用集成的智能化技术，使物流系统能模仿人的智能，具有思维、感知、学习、推理判断和自行解决物流中某些问题的能力。智能物流的未来发展将会体现出以下特点：

① 智能化。在物流作业过程中的大量运筹与决策的智能化。

② 一体化和层次化。以物流管理为核心，实现物流过程中运输、储存、包装、装卸等环节的一体化和智能物流系统的层次化。

③ 柔性化。智能物流的发展会更加突出"以顾客为中心"的理念，根据消费者需求变化来灵活调节生产工艺。

④ 社会化。智能物流的发展将会促进区域经济的发展和世界资源优化配置。

智能工厂物流系统如图3-14、图3-15所示。

图3-14　智能工厂物流系统Ⅰ

图3-15　智能工厂物流系统Ⅱ

3.5.1 AGV

AGV 即自动导航运输车（Automated Guided Vehicle），指装备有电磁或光学等自动导引装置，能够独立自动寻址，沿规定的导引路径行驶，并且具有安全保护以及各种移载运功能的运输车。工业应用中，AGV 不需驾驶员，一般动力来源通常为可充电蓄电池。AGV 可接受搬运命令，利用各种自动导引方式选择运行路线和速度在一定范围内进行搬运作业，遇障碍物可自行停车等待或绕行。

根据安全运行原则，AGV 的行走速度一般定在1m/s左右，特殊场合可达到1.3m/s。仓库用 AGV 的载重能力一般为 1.5 ~ 2t，但在做集装箱运输时，其载重能力为30t，行驶速度可达到10m/s。

AGV 的导引方式可分为两种，即固定路径导引和自由路径导引。固定路径导引的 AGV 一般在行走路径上铺设导引用的信息媒介物，如电磁导引、光学导引、磁块式导引等。自由路径导引一般采用地面援助方式，如超声波、激光、无线电遥控等，依靠地面预设的参考点或通过地面指挥，修正小车的路径。AGV 小车如图 3-16 所示，AGV 调度系统如图 3-17 所示，AGV 系统构成如图 3-18 所示。

图3-16　AGV 小车

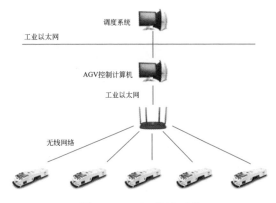

图3-17　AGV调度系统

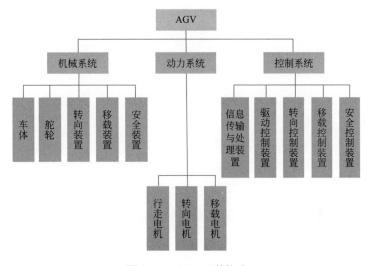

图3-18　AGV系统构成

3.5.2　RGV

　　RGV即有轨制导车辆（Rail Guided Vehicle），又叫穿梭车，是一种用于自动化物流系统中的智能型轨道导引搬运设备，根据运动方式可以分为环形轨道式和直线往复式。环形轨道式RGV系统效率高，可多车同时工作，一般采用铝合金轨道，同时成本也比较高；直线往复式RGV系统一般包括一台RGV做往复式运动，一般采用钢轨作为轨道，成本较低，效率相对环形轨道式RGV系统比较低。RGV系统既可作为立体仓库的周边设备，也可自己作为独立系统。RGV小车如图3-19所示，RGV柔性环形装配线如图3-20所示。

图3-19 RGV小车

图3-20 RGV柔性环形装配线

RGV一般具有单个货位存放、多个货位存放、单个货位拣取、多个货位连续拣取、指定数量拣取、AB面转换、倒货、电池警报等基本功能。

市场主流的RGV小车，其承载能力一般在1.5t左右，一般应用于众多横梁式货架、驶入式货架、自动化立体仓库。

RGV系统中的小车具有以下特点：

① 加速和移动速度都比较快，适合运送重型工件；

② 因导轨固定，行走平稳，停车位置比较准确；

③ 控制系统简单、可靠性好、制造成本低，便于推广应用；

④ 快速、配置简单便于维护，可以取代配置相对复杂且机动性差的输送机系统。

3.5.3　立体仓库堆垛机

立体仓库堆垛机是立体仓库中最重要的起重运输设备。立体仓库堆垛机具有较高的搬运速度和货物存取速度，可以在短时间内完成出入库的作业，立体仓库如图3-21所示。根据立体仓库的大小，可以设计不同规格的立体仓库堆垛机，其灵活的结构形式适用于各种立体仓库场所。在智能工厂中，立体仓库堆垛机可以实现远程的操纵控制，自动化程度很高，且有很强的可靠性和较高的工作稳定性。而托盘立体仓库是满足工厂需求的最佳选择，在工厂物流中扮演着重要的角色。

图3-21　立体仓库

3.5.4　自动分拣系统

自动分拣系统（Automatic Sorting System）是先进配送中心所必需的设施条件之一。分拣设备负责把通过各种运输工具送来的物料进行快速、准确的分类，并将这些物料送到指定的地点，如指定的货架、加工区域、出货口等。同时，当系统需要从物料库向外发货时，分拣设备可以在最短的时间内从物料库中准确找到要出库的物料所在位置，并按所需数量出库。

以某分拣机构为例，如图3-22、图3-23所示，该分拣机构由起始位置产品检知传感器、分拣道口传送到位检知传感器、升降气缸、推出气缸、定位气缸、分拣工位有料检知传感器及分拣工位组成。

图3-22　分拣设备

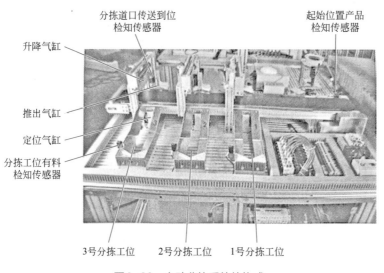

图3-23　自动分拣系统的构成

（图中标注：分拣道口传送到位检知传感器、起始位置产品检知传感器、升降气缸、推出气缸、定位气缸、分拣工位有料检知传感器、3号分拣工位、2号分拣工位、1号分拣工位）

3.5.5　射频识别技术

射频识别技术（Radio Frequency Identification，RFID），又称无线射频识别，是一种通信技术，俗称电子标签。

射频识别的标签与识读器之间利用感应、无线电波或微波能量进行非接触双向通信，实现标签存储信息的识别和数据交换。无线电信号是通过调成无线电频率的电磁场，把数据从附着在物品上的标签上传送出去，以达到自动辨识与追踪该物品的目的。某些标签在识别时从识别器发出的电磁场中就可以得到能量，并不需要电池；也有些标签本身拥有电源，并可以主动发出无线电波。

标签包含了电子存储的信息，数米之内都可以识别。射频识别设备如图3-24、图3-25所示，基于RFID的物流分拣系统如图3-26所示。

便携式读写器　　　　便携式读写器　　　　便携式读写器
XC2907-A　　　　　　XC2908　　　　　　　XC2910

图3-24　RFID产品（一）

图3-25　RFID产品（二）

图3-26　基于RFID的物流分拣系统

3.6　智能工厂仓储系统

在制造行业，有个专业术语叫作MRP（Material Requirement Planning，物料需求计划）。MRP系统的出现，帮助企业管理者解决了物料采购、生产、销售脱节的问题，达到物料"既不出现短缺，又不造成库存积压"的管理目标。

而在MRP系统中，最重要的是智能物流及仓储系统的构建。智能工厂仓储系统是由立体货架、有轨巷道堆垛机、出入库输送系统、信息识别系统、自动控制系统、计算机监控系统、计算机管理系统以及其他辅助设备组成的智能化系统。系统采用集成化物流理念设计，通过先进的控制、总线、通信和信息技术应用，协调各类设备动作，实现自动出入库作业。双层六仓位的立体仓库如图3-27所示。

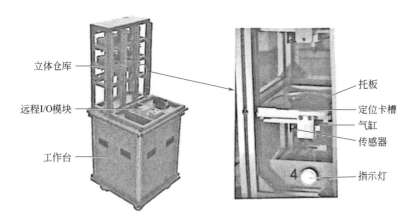

图3-27　双层六仓位的立体仓库

仓储系统优势有：

① 提升仓库货位利用效率，减少对操作人员经验的依赖性，实现对现场操作人员的绩效考核；

② 降低作业人员劳动强度，降低仓储库存，减少仓储内的执行设备，改善仓储的作业效率；

③ 改善订单准确率，提高订单履行率，提高仓库作业的灵活性，转变为以信息系统来规范作业流程，以信息系统提供操作指令。

3.7 智能工厂通信系统

通信系统是用以完成信息传输过程的技术系统的总称。现代通信系统主要借助电磁波在自由空间的传播或在导引媒体中的传输机理来实现，前者称为无线通信系统，后者称为有线通信系统。

用电信号（或光信号）传输信息的系统也称为电信系统。系统通常是由具有特定功能、相互作用和相互依赖的若干单元组成的、完成统一目标的有机整体。最简单的通信系统供两点的用户彼此发送和接收信息。在一般通信系统内，用户可通过交换设备与系统内的其他用户进行通信。

3.7.1　智能工厂通信系统的功能划分

智能工厂通信系统可以按信号类型进行划分，信号在时间上是连续变化的，称为模拟信号（如电话）；在时间上离散、其幅度取值也是离散的信号称为数字信号（如数据通信）。模拟信号通过模拟-数字转换（包括采样、量化和编码过程）也可变成数字信号。通信系统中传输的基带信号为模拟信号时，这种系统称为模拟通信系统；传输的基带信号为数字信号的通信系统称为数字通信系统。基本通信系统的构成如图3-28所示。多路通信系统如图3-29所示。

图3-28　基本通信系统

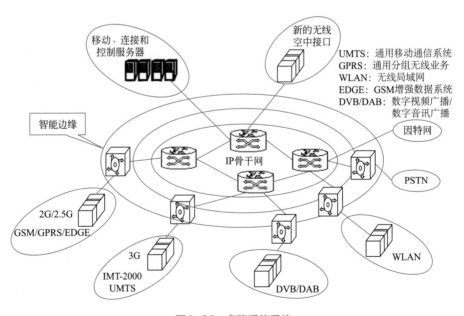

图3-29　多路通信系统

3.7.2　现场总线与国家标准

某种现场总线是否已被列入国际标准或其他有关标准，是衡量其是否已成为或将成为国际主流现场总线的重要的、甚至是决定性的因素之一。

在当今数字技术时代，标准不仅是一个产品规范，还起着领导其所在领域高新技术发展的特殊作用。

现场总线标准确保了每种总线设备/软件都具有广阔的市场，这有助于大批量生产，甚至可以采用大规模集成（LSI）或超大规模集成（LVSI）技术，从而降低成本。智能工厂现场总线系统构成如图3-30所示。

现场总线的开放性、互操作性与互换性均是以其标准为前提的。

1996年，欧洲电工标准化委员会（CENELEC）发布了包含3种不兼容协议的非单一欧洲标准EN50170（现均已成为国际标准），现场总线包括：卷1，P-Net；卷2，Profibus；卷3，WorldFIP。

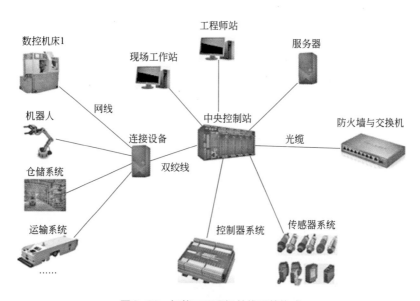

图3-30　智能工厂现场总线系统构成

3.7.3　车间网络设计实例

珲春紫金矿业有限公司生产管理信息化系统的网络建设目标是：采用网络集成方法，遵循有关的网络互联标准、规范，选用合适的网络互联技术及产品

（包括交换、接入设备等），构筑起一个结构合理、性能优良、安全可靠的网络通信平台，在其基础上可以实现高质量的数据、视频等的通信服务，结合高速千兆以太网技术，可达到提供高质量通信服务的目标。

设计说明：

（1）主流程DCS系统数据采集网络

在侧吹炉工序、转炉工序、阳极炉工序、制酸厂、废水处理、电解厂、动力厂、渣选厂、制氧厂9个子站安装网关机采集数据，通过光纤收发器连接计算机主机房MES数据采集汇聚层交换机，将数据存入历史数据库。

（2）其他控制系统数据采集网络

在66kV变电所、厂前区换热站和LNG站3个子站安装网关机采集数据，通过光纤收发器连接计算机主机房MES数据采集汇聚层交换机，将数据存入历史数据库。

（3）计量称重系统数据采集网络

在120吨汽车衡、30吨汽车衡、电解5吨平台秤3个位置安装网关机采集数据，通过光纤收发器连接计算机主机房生产管理汇聚层交换机，将数据存入关系数据库。

（4）办公业务网络

在侧吹炉工序、转炉工序、阳极炉工序、制酸厂、废水处理、电解厂、动力厂、渣选厂、制氧厂9个子站控制室安装接入交换机，通过光纤与生产管理汇聚层交换机连接，综合办公楼的调度室、化验室等通过网线与生产管理汇聚层交换机连接，实现各子站办公业务和MES客户端应用。

（5）网络安全隔离

MES汇聚层交换机通过硬件防火墙与核心交换机连接，实现数据采集网络与办公管理网安全隔离。服务器组通过硬件防火墙与核心交换机连接，实现数据服务器和应用服务与客户端应用安全隔离。

（6）服务器连接

历史数据库服务器主要完成过程控制系统实时数据存储，数据采集流量较大，因此，直接与MES数据采集汇聚层交换机连接，而不经过核心交换机，可以大大降低核心交换机流量压力，同时，MES数据采集汇聚层交换机通过防火墙与核心交换机连接，保障了数据采集网络的安全性；关系数据库服务器通过防火墙隔离，再与生产管理汇聚层交换机连接，保障了服务器的安全性，同时，管理数据不通过核心交换机，减小了核心交换机的流量压力。因此，该种服务器的连接结构，只有当管理系统应用客户端需要调用生产监控历史数据时，才需要经过核心交换机交换数据，将大大提升网络系统的数据传输的效率。

网络拓扑结构示意图如图3-31所示。

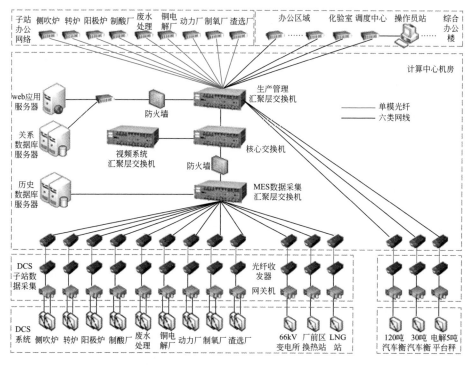

图3-31　网络拓扑图

3.8　智能工厂加工系统

智能工厂加工系统是智能制造系统的核心。对于原材料的加工，主要有三种形式：一是增材制造，通过焊接、镀层、3D打印等技术实现；二是等材制造，通过铸造、锻造等材料变形方法实现；三是减材制造，通过各种切削加工来实现。减材制造目前仍然是零件和产品加工的主要方法，采用减材制造形式加工的1：500"辽宁"舰模型如图3-32所示。

图3-32 "辽宁"舰模型

智能工厂加工系统由智能机床、工件、刀具系统构成。在智能加工过程中可以进行数据检测和处理，并对加工过程中的智能机床、工件、刀具的状态进行实时监测和特征提取，结合人工智能技术，对加工状态进行判断，通过数据对比、分析、推理、决策，实时优化切削参数、刀具路径，调整自身状态，实现加工过程的智能控制，完成最优加工，获得理想的工件质量及加工效率。智能工厂加工系统构成如图3-33所示。

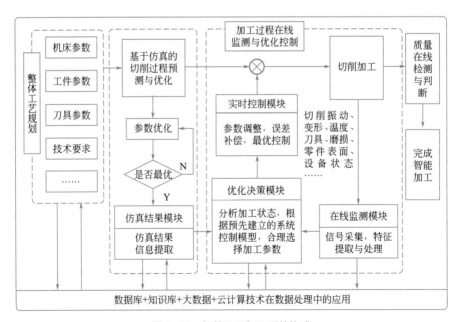

图3-33 智能工厂加工系统构成

对于机床的状态进行监测，可以确保其运行安全，防止出现运动干涉与碰撞、载荷及功率过大等问题。对机床位置监测是确保机床位置的正确性与实现机床误差补偿的基础。同时，对机床的能耗进行监测是降低成本、提高效率、实现绿色生产的前提。

对于刀具、工件的状态变化进行监测，可以实时掌握加工过程中刀具与工件相互作用及自身状态变化情况，是否存在切削力过大、刀具温度过高、磨损严重、振动剧烈等情况，从而判断加工状态是否正确，是否进行稳定切削，实现对切削过程进行"感知"。将所采集到的信号进行降噪、滤波后，通过多种信号处理手段对信号进行特征提取与分析，如应用比较广泛的模糊神经网络处理技术、多传感器信息融合技术、支持向量机技术等实现对加工状态的在线监测，实时了解加工过程的状态变化，为智能控制提供反馈。

3.9 智能工厂检测系统

设备从正常工作到发生故障会有一个发生、发展的过程，因此，对设备的运行状况应进行日常的、连续的、规范的工作状态的检查和测量，即工况或者状态监测是非常必要的，所以，智能工厂检测系统是设备管理工作的一部分。

智能工厂检测系统可以保障设备运行安全，防止突发事故；保证设备工作精度，提高产品质量；实施状态预防，节约维修费用；避免设备事故带来的环境污染及其他危害。实践证明，在智能工厂实施智能检测，正在改变着我国传统维修管理的被动局面，并且正在向预防维修的新方式推进，能够使设备在使用周期内更加经济且综合效率最高。

智能检测系统由硬件和软件两部分组成，如图3-34所示。硬件基本结构如图3-35所示。图中不同种类的被测信号由各种传感器转换成相应的电信号，经过信号的调节与放大后，通过A/D转换，送到单片机进行数据初步处理。单片机再通过通信总线将初步处理的信号传输给主机，主机系统进行所有信号的数据分析、信息融合，得出结果进行显示和控制。

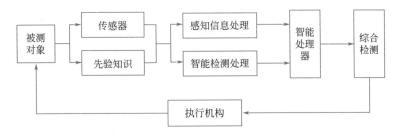

图3-34　智能检测系统结构

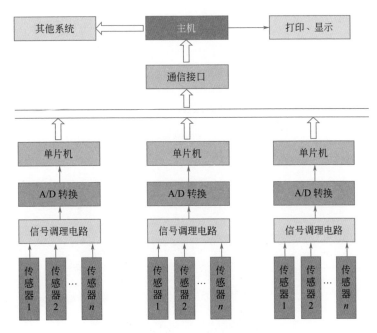

图3-35　智能检测系统硬件结构

智海拾贝

数字化制造车间：三一重工

　　三一重工是我国工程机械领域最早进行数字化转型的企业。2008年筹建的三一重工18号厂房是亚洲最大的数字化制造车间，之后，三一重工推进网络化进程，自主部署基于设备全球互联的物联网、大数据平台，为用户提供包括预测性维护、物联网金融等新业务，显著提高了其产品的质量、水平和效益。

目前，三一重工已发展成位居世界前列的工程机械制造企业。其液压支架装配线如图3-36所示，车架自动焊接工作站如图3-37所示。

图3-36　液压支架装配线

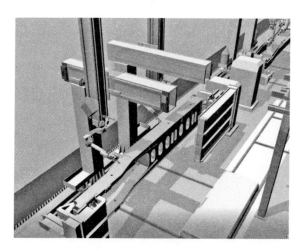

图3-37　车架自动焊接工作站

第4章

智能工厂关键技术

4.1 智能工厂信息使能技术

智能工厂是先进信息技术与先进制造技术的深度融合，贯穿于产品设计、制造、服务等全生命周期的各个环节及相应系统的优化集成，不断提升企业的产品质量、效益、服务水平，减少资源消耗，推动制造业创新、协调、绿色、开放、共享发展。通过 IT（信息技术）与 OT（Operational Technology，运营技术）的融合可实现企业动态互联、资源优化配置、业务精准协作。

物联网、大数据、人工智能、云计算作为当今信息化的四大板块，它们之间有着本质的联系，具有融合的特质和趋势。从一个广义的人类智慧拟化的实体的视角看，它们是一个整体。物联网是这个实体的眼睛、耳朵、鼻子，而大数据是得到的信息的汇集与存储，人工智能未来将是掌控这个实体的大脑，云计算可以看作大脑指挥下的对于大数据的处理及应用。物联网、大数据、云计算、人工智能之间的关系如图4-1所示。

4.1.1 物联网技术

物联网来源于互联网，是万物互联的结果，使人和物、物和物之间产生通信和交互。想象一下，相当于一个物品也有了一部手机（芯片），可以给出频率、方位、轨迹、习惯，这些通信和交互跟人类一样，最终都以数据的形式呈

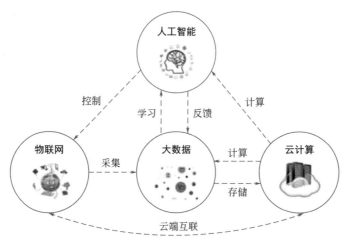

图4-1　物联网、大数据、云计算、人工智能之间的关系

现，而数据就可以被存储、建模、分析。人的数据被采集，物的数据被采集，人与人、人与物、物与物各自的数据和相互之间的数据，随时间的推移，都被记录采集了下来，所以说，物联网是给大数据打基础。

物联网利用数字化生产设备提供的数据接口，将各生产设备组成一个通用的IP网络；利用信息平台设置生产参数，如个数、长度、重量等；自动抄录各种生产数据；按时段自动统计生产量；实现生产工人、生产过程、生产设备、生产数量之间数据的完整融合，将这些数据之间的对应关系利用图表的方式显示出来，一目了然；实时获取和告知生产现场的当前数据；计算每台设备的单位时间生产能力，根据这些数据为每台生产设备设置生产参数，合理配置生产任务；与订单管理系统等统一使用，根据订单自动配置生产任务。图4-2为物联网无线通信设备。

图4-2　物联网无线通信设备

图4-3为基于RFID的识别原理示意图，利用RFID等识别定位技术来标识生产过程中使用的原材料、半成品和成品，并利用物联网技术将该系统接入计算机网络，完成对物品数量、所处位置、责任人员信息等的数字化管理。根据企业的管理要求，对不同物品在仓库、车间、成品库等之间的流转进行识别和定位，完成对原材料消耗数量的自动统计，半成品、成品数量的自动统计。基于RFID的仓库管理，以仓库为核心实现原材料采购、仓库库存、生产消耗、半成品/成品数量之间的自动核对，按时段统计原材料的损耗等。

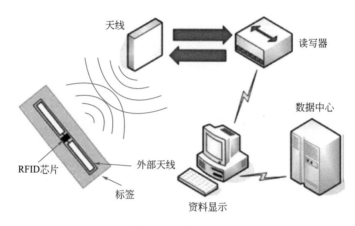

图4-3　基于RFID的识别原理示意图

图4-4所示为基于物联网的电能自动采集设备。利用有关装置完成对电能、气能、热能消耗数据的自动采集，并将这些系统接入物联网，利用计算机网络提供的信息功能完成对这些数据的管理：按时段自动统计生产过程中消耗的电能、气能、热能等数据，并根据当地收费标准，计算出不同时段的能耗成本支出；给出能耗与生产效率之间的对应关系，供生产管理者使用；实时给出电、气、热等物理量的特征参数，以帮助对这些物理量有特殊要求的生产过程来改善供能质量、能耗、生产班组、生产数量等的图表显示。

图4-5所示为用于物联网的故障呼叫设备。利用生产设备（数字化）提供的数字接口，获取该生产设备的内部参数和运行过程中的动态参数，利用无线传输技术与相应的集中控制装置，连接成一个小型的物联网，并利用公众网络将人与设备连接起来，利用信息技术对这些数据进行管理，并根据企业生产管理的要求作出相应的处理。例如，实时获取生产现场各生产设备的当前状态；按时段统

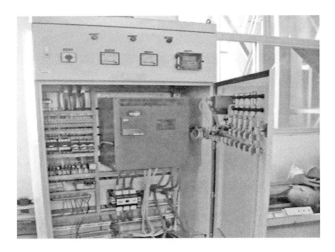

图4-4　基于物联网的电能自动采集设备

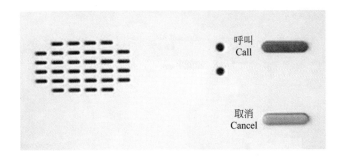

图4-5　用于物联网的故障呼叫设备

计各生产设备的故障率；当设备发生故障时，按序分时呼叫相应的设备维护责任人员；利用物联网设备提供的备用电源，可保存生产设备掉电时的各种参数，以便上电时恢复生产。

4.1.2　工业大数据

工业大数据的数据是物联网提供的。以前是人人互联、人机互联，现在是万物互联，其数据量更加庞大，由此带来的大数据结果将更加丰富和精确。正因大数据，物联网的价值被更大地发挥。大数据为人类决策提供支持，最终大数据将支撑机器人的大脑。

图4-6所示为工业大数据的平台技术架构。大数据是互联网智慧和意识产生的基础，也是互联网梦境时代到来的源泉。随着互联网大脑的日臻成熟，虚拟

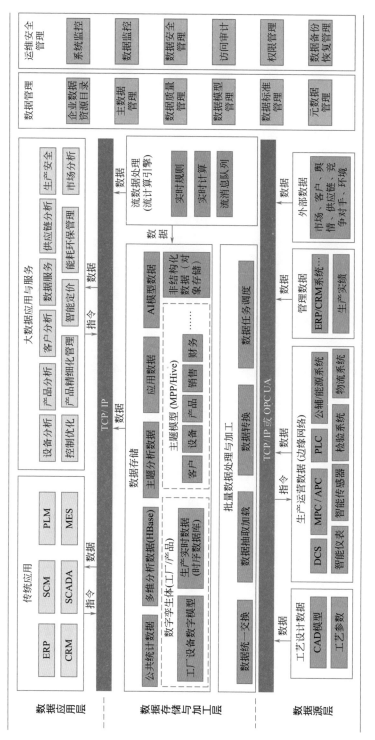

图4-6 工业大数据平台技术架构

现实技术开始进入一个全新的时期。与传统虚拟现实不同，这一全新时期不再是虚拟图像与现实场景的叠加（AR），也不是看到眼前巨幕展现出来的三维立体画面（VR），它开始与大数据、人工智能结合得更加紧密，以庞大的数据量为基础，让人工智能服务于虚拟现实技术，使人们在其中获得真实感和交互感。

4.1.3　云计算技术

云计算、物联网、大数据、人工智能之间是一个整体，四者的关系是，通过物联网产生、收集海量的数据存储于云平台，再通过大数据分析，甚至更高形式的人工智能，提取云计算平台存储的数据为人类的生产活动、生活所需提供更好的服务，最终人工智能会辅助物联网更加发达，这必将是第四次工业革命进化的方向。

云计算是一个计算、存储、通信工具，物联网、大数据和人工智能必须依托云计算的分布式处理、分布式数据库和云存储、虚拟化技术才能形成行业级应用。

云计算包含：IaaS（基础设施即服务）、PaaS（平台即服务）、SaaS（软件即服务）三个层次。云计算架构如图4-7所示。

4.1.4　人工智能技术

人工智能技术和产品经过近几年的实践检验，目前应用较为成熟，推动着人工智能与各行各业的加速融合。人工智能应用越来越广泛，图4-8所示为工业人工智能关键技术及应用领域。

目前，制造企业中应用的人工智能技术，主要围绕智能语音交互产品、人脸识别、图像识别、图像搜索、声纹识别、文字识别、机器翻译、机器学习、大数据计算、数据可视化等方面。从技术层面来看，业界广泛认为人工智能的核心能力可以分为三个层面，分别是计算智能、感知智能和认知智能。

结构化数据的价值被重视和挖掘，语音、图像、视频、触点等与感知相关的非结构化数据的感知智能也在快速发展。无人驾驶汽车、著名的波士顿动力机器人等就运用了感知智能，通过各种传感器感知周围环境并进行处理，从而有效指导其运行。感知智能在智能工厂中的应用如图4-9所示。

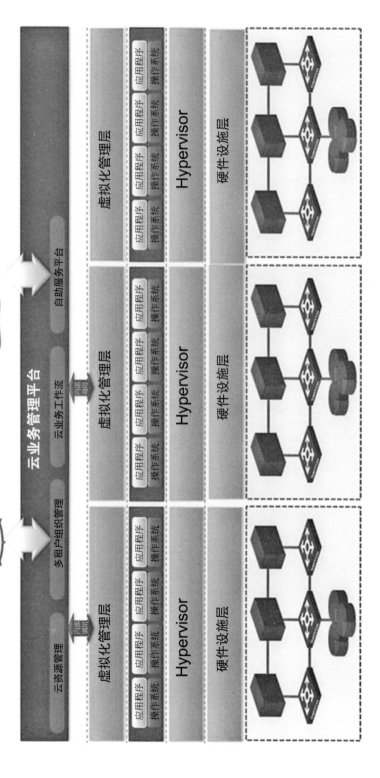

图4-7 云计算架构图

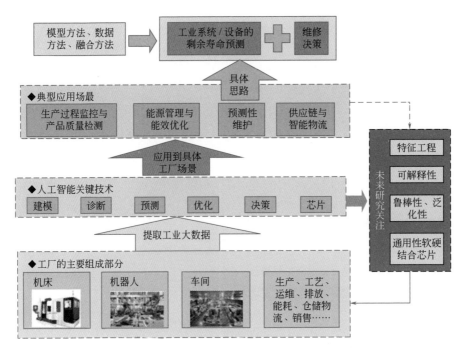

图4-8　工业人工智能关键技术及应用领域

图4-9　感知智能在智能工厂中的应用

4.1.5　数字孪生技术

数字孪生是充分利用物理模型、传感器更新、运行历史等数据，集成多学科、多物理量、多尺度、多概率的仿真过程，在虚拟空间中完成映射，从而反映相对应的实体装备的全生命周期过程。

数字孪生是个普遍适应的理论技术体系，可以在众多领域应用，在产品设计、产品制造、医学分析、工程建设等领域应用较多。在国内关注度最高、研究最热的是智能制造领域。

智能制造领域数字孪生体系框架主要分为"基础支撑层""数据互动层""模型构建层""仿真分析层""功能层""应用层"六个层次，具体如图4-10所示。图4-11所示为数字孪生在离散制造方面的典型应用。

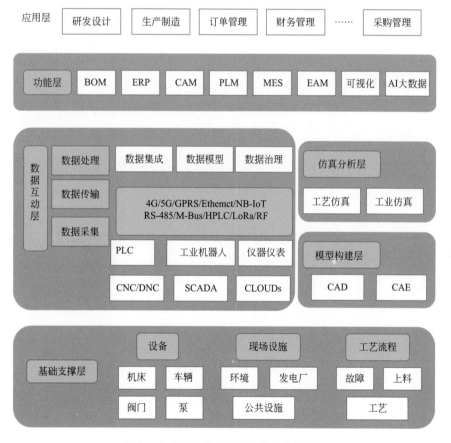

图4-10　智能制造领域数字孪生体系框架

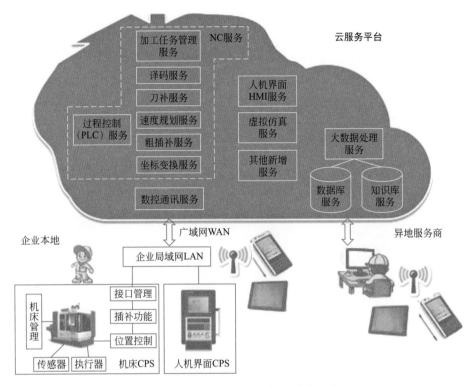

图4-11 数字孪生在离散制造方面的典型应用

4.2 智能设计技术

智能设计技术，指应用现代信息技术，采用计算机模拟人类的思维活动，提高计算机的智能水平，从而使计算机能够更多、更好地承担设计过程中各种复杂任务，成为设计人员的重要辅助工具。典型智能设计系统的体系结构如图4-12所示。

智能设计的特点有：

① 以设计方法学为指导。智能设计的发展，从根本上取决于对设计本质的理解。设计方法学对设计本质、过程设计思维特征及其方法学的深入研究是智能设计模拟人工设计的基本依据。

② 以人工智能技术为实现手段。借助专家系统技术在知识处理上的强大功能，结合人工神经网络和机器学习技术，较好地支持设计过程自动化。

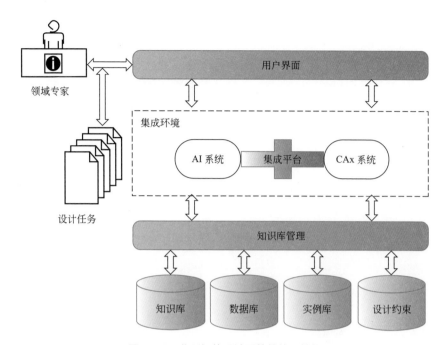

图4-12　典型智能设计系统的体系结构

③ 以传统CAD技术为数值计算和图形处理工具。提供对设计对象的优化设计、有限元分析和图形显示输出的支持。

④ 面向集成智能化。不但支持设计的全过程，而且考虑到与CAM的集成，提供统一的数据模型和数据交换接口。

⑤ 提供强大的人机交互功能。使设计师对智能设计过程的干预，即与人工智能融合成为可能。

4.2.1　计算机辅助设计

智能设计的发展与计算机辅助设计（CAD）的发展联系在一起，在CAD发展的不同阶段，设计活动中智能部分的承担者是不同的。

传统CAD系统只能处理计算型工作，设计智能活动是由人类专家完成的。在智能计算机辅助设计（ICAD）阶段，智能活动由设计型专家系统完成，但由于采用单一领域符号推理技术的专家系统求解问题能力的局限，设计对象（产品）的规模和复杂性都受到限制，因此，ICAD系统完成的产品设计主要还是常规设计，不过借助于计算机的支持，设计的效率大大提高。

智能设计总体结构和工作流程如图4-13所示。由于集成化和开放性的要求，智能活动由人机共同承担，这就是人机智能化设计系统，它不仅可以胜任常规设计，还可支持创新设计。因此，人机智能化设计系统是针对大规模复杂产品设计的软件系统，它是面向集成的决策自动化，是高级的设计自动化。

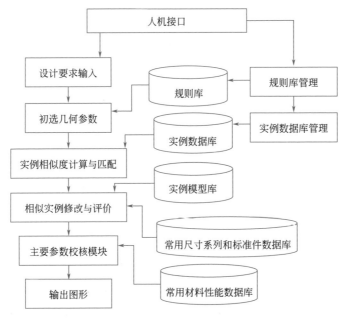

图4-13 智能设计总体结构和工作流程

综合国内外关于智能设计的研究现状和发展趋势，智能设计按设计能力可以分为三个层次：常规设计、联想设计和进化设计。图4-14为基于实例的产品设计流程图。

4.2.2 计算机辅助工程

计算机辅助工程（CAE）是用于并行工程的一种机械设计自动化。美国一家公司首先提出CAE概念，将产品开发中的设计、分析、测试和数控编程等功能集于一体，整个系统包括计算机绘图、实体造型、有限元分析、模态分析、测试信号分析以及数控编程等模块，每个模块在产品开发中完成特定的功能，其目的是为机械产品开发提供一种多功能的综合性开发环境。CAE的模块构成如图4-15所示。

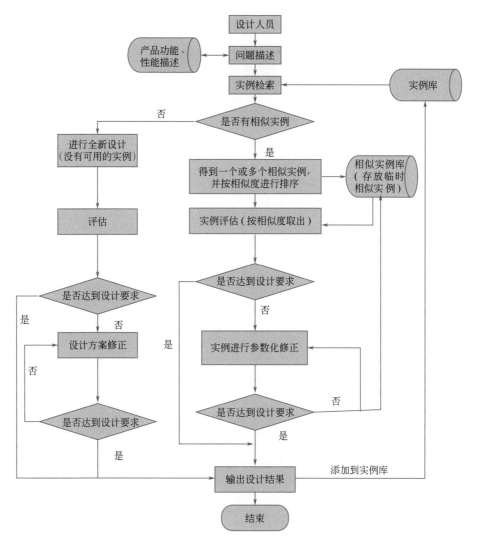

图4-14　基于实例的产品设计流程

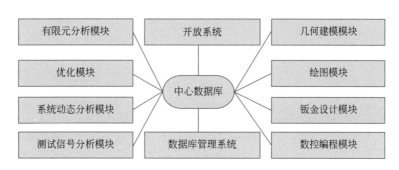

图4-15　CAE的模块构成

CAE的主要作用有：增加设计功能，减少设计成本；缩短设计和分析的循环周期；增加产品和工程的可靠性；采用优化设计，降低材料的消耗或成本；在产品制造或工程施工前预先发现潜在的问题；模拟各种试验方案，减少试验时间和经费；进行机械事故分析，查找事故原因。

具体来讲，通过云计算（网络化）进行材料库与零件库的融合计算，凭借二次开发（有限元语言）达到智能化，即学习、建模、优化与结果验证，最后实现的功能主要有计算深度、多物理场耦合、多相多态介质耦合、多尺度耦合。而其中最主要的建模技术则是先把刚性多体系统模型建起来，然后在建模环境（前处理）中直接对模型进行处理，系统可以根据这个部件的形状、材料、边界条件等选择合适的网格类型，并把运动和力的作用点耦合到对应的节点（组）上。图4-16所示为采用CAE的仿真应用。

图4-16　CAE仿真应用

4.2.3　计算机辅助制造

计算机辅助制造（CAM）利用计算机辅助完成从生产准备到产品制造整个过程的活动，即通过直接或间接地把计算机与制造过程和生产设备相联系，用计算机系统进行制造过程的计划、管理以及对生产设备的控制与操作的运行，处理产品制造过程中所需的数据，控制和处理物料（毛坯和零件等）的流动，对产品进行测试和检验等。

（1）直接应用

计算机与制造过程直接连接，对制造过程和生产设备进行监视与控制。计算机监视是指将计算机与制造过程连在一起，对制造过程和设备进行观察以及在加工过程中收集数据，此时计算机并不直接控制操作。而计算机控制则是对制造过程和设备进行直接的控制。有些CAM系统既包括计算机监视，也包括计算机控制，形成了计算机监控系统，其具体内容包括CNC、DNC、CAT、FMS和机床的自适应控制等。图4-17为CAM的直接应用示意图。

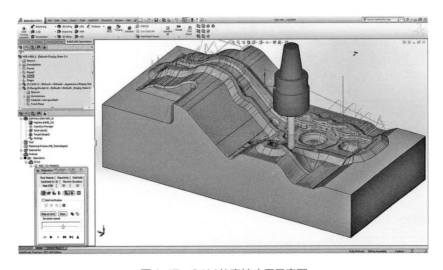

图4-17　CAM的直接应用示意图

（2）集成应用

计算机与制造过程不直接连接，而是以脱机方式提供生产计划、进行技术准备以及发出有关指令和信息等，通过这些可以对生产过程和设备进行更有效的管理。在此过程中，用户向计算机输入数据和程序，再按计算机的输出结果指导生产。其具体内容包括计算机辅助NC编程、加工过程刀具轨迹生成、计算机辅助工艺过程设计、计算机辅助生成工时定额、计算机辅助安排材料需求计划、计算机辅助车间（工段）管理等。图4-18为CAM的集成应用示意图。

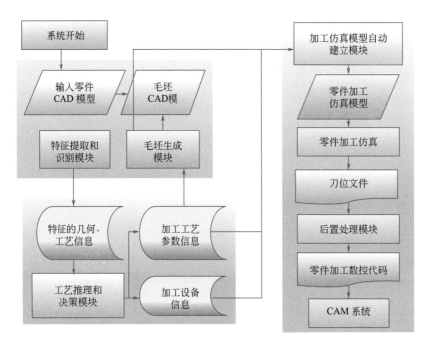

图 4-18　CAM的集成应用示意图

4.2.4　计算机辅助工艺设计

　　智能计算机辅助工艺设计（CAPP）系统基于知识的智能化CAPP系统，引入了知识工程、智能理论和智能计算等最新的人工智能技术，但其基本结构和传统的CAPP专家系统一样，都是以知识库和推理机为中心的。智能CAPP系统的总体框架结构如图4-19所示。

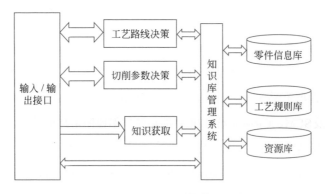

图 4-19　智能CAPP系统的框架结构

　　　　图解智能工厂

智能CAPP由以下几部分组成。

① 输入/输出接口：负责零件信息的输入、零件特征的识别和处理以及由系统生成的零件工艺路线、工序内容等工艺文件的输出。这是系统与外界进行信息交换的通道。

② 知识库：包括零件信息库、工艺规则库、资源库和知识库管理系统。这是系统的基础，各种知识的组织和表达形式对系统的有效性起决定性的作用。

③ 推理机：指各种工艺决策算法，包括工艺路线的生成和优化、机床刀具与工装夹具的确定、切削参数的选择等。这是系统的关键，决定着系统智能化的水平。

④ 知识获取：指利用机器学习的方法，从工艺设计师的经验和企业的工艺文件中获取工艺知识，并将其转化为计算机能识别的工艺推理规则，从而不断更新和扩充工艺规则库。

智能CAPP系统信息的传递如图4-20所示。

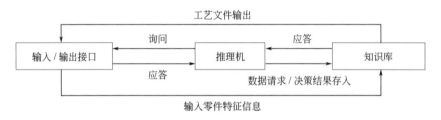

图4-20　智能CAPP系统信息的传递

4.2.5　产品全生命周期管理

产品全生命周期管理（PLM），从企业的角度来说，即产品数据的管理与其作业程序的管理，协助企业管理数据与其作业过程。从狭义上来讲，PLM指研发至工程规划领域之应用，强调在科学研究、试验发展与工程作业阶段如何有效地整合管理产品数据与作业流程，同时探究如何整合后端的ERP、MRP、MRPII系统及SCM、CRM系统。PLM的功能框架如图4-21所示。

PLM的涵盖范围，由传统PDM延伸，重视产品的生命周期，增加纵观全局的项目管理，统合企业内各相关信息，更可将统合后的信息提供或整合至与客户之间协同作业或数据交换的平台，扩大PLM的涵盖范围及运用。

图4-21　PLM功能框架

PLM系统必须能够支持网络传输所需的高效能、有效数据复制和强固安全性。PLM架构必须经过完善设计，使单一PLM系统涵盖所有功能，通过紧密的流程衔接，将产品全生命周期数据顺畅地从设计传送到报废处理的各个步骤。

纵观产品的上、下游，凡是需求、规格、研发、设计、工程、制造、销售、服务与维护，每一个阶段所衍生出来的相关数据，都在PLM的管理范围内。而从技术角度而言，在企业内所有与产品相关的数据，以及与这些产品数据相关的作业，经由信息系统做有效的整合性管控与运作。图4-22所示为PLM系统需求管理框架。

4.2.6　虚拟制造

虚拟制造是智能制造领域的一门新兴技术，通过CAD、CAM、CAE等技术将产品信息集成到计算机提供的可视化虚拟环境，在实际产品制造之前实现产品制造的仿真、分析与优化过程。智能工厂虚拟制造是智能制造的重要环节，可应用于生产线节拍控制分析、机器人运动控制、动力学分析、轨迹和路径规划离线编程、机器人与工作环境的相互作用等方面。随着目前数字化制造及工业4.0等先进制造技术的发展，智能工厂虚拟制造也成为围绕产品全生命周期管理的整个数字化设计、验证及制造环境的重要组成部分。研究与开发机器人智能工厂虚拟制造系统，可以在虚拟环境中完成以上诸多方面的研究工作，为智能制造的发展提供新的手段。图4-23为基于虚拟制造的应用示意图。

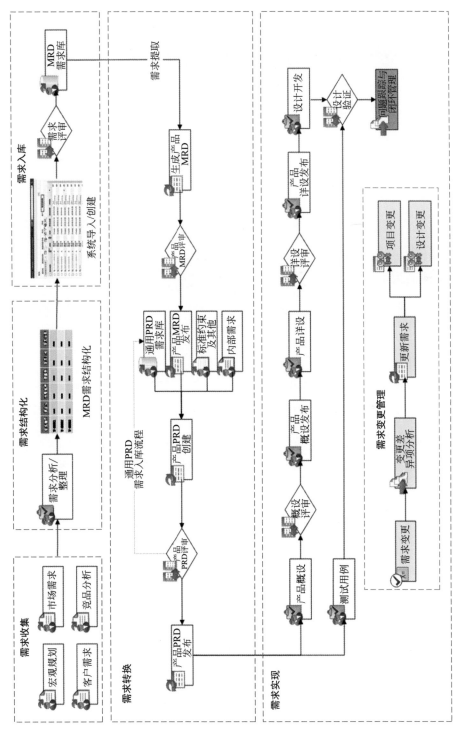

图4-22 PLM系统需求管理框架

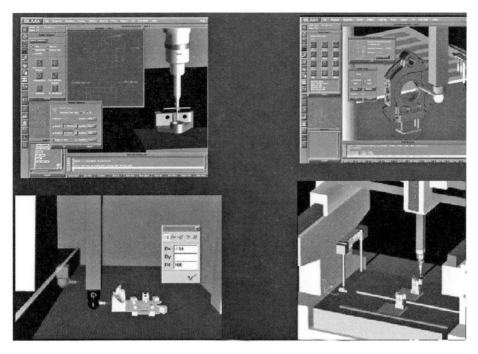

图4-23　基于虚拟制造的应用示意图

　　虚拟制造技术涉及多个系统的运动学与动力学建模理论及其技术实现，是基于数字和运动控制建模、仿真、信息管理、交互式用户界面和虚拟现实的综合应用技术，在智能加工的初始概念阶段就可以对整个系统进行完整的分析，观察并试验各组件的相互运动情况。通过系统虚拟仿真软件，在相应虚拟环境中真实地模拟生产线的运动和节拍，在计算机上可方便地修改设计缺陷，仿真不同的布局方案，对生产线系统不断地进行改进，直至获得最优的智能生产线设计方案。

4.3　智能装备与工艺技术

　　智能装备与工艺技术（主要是智能切削技术）是智能制造技术的核心。目前，我国制造业中的工艺装备管理主要存在以下三个方面的问题：首先，制造业企业内部的工艺装备管理人员的技术水平有待提高、工作经验不足，无法针对不同种类的工艺装备质量用不同的标准进行衡量，从而导致生产与制造的产品的质量稳定性不足；其次，制造业企业在工装设计方面比较落后，如果只是采用手工设计，则无法满足计算机统一化管理与维护的相关要求，同时也无法统一利用与规划相关专家所提出的理念与经验；最后，车间内的维护人员、生产人员等之间缺乏有效的沟通和交流，无法形成统一化的管理与标准。

智能加工技术是对现有加工技术的一次技术变革，通过加工前的仿真分析与优化、加工过程中的状态监测、智能优化与控制、贯穿于整个加工过程的数据处理与共享，使得切削过程中各种状态变化量可以被"预测""感知""控制"与"优化"，实现智能加工。在切削加工过程中引入智能技术是必然趋势，将智能加工技术贯穿加工的整个过程是未来产品或零件制造加工的发展方向。图4-24为智能加工具体技术路线。

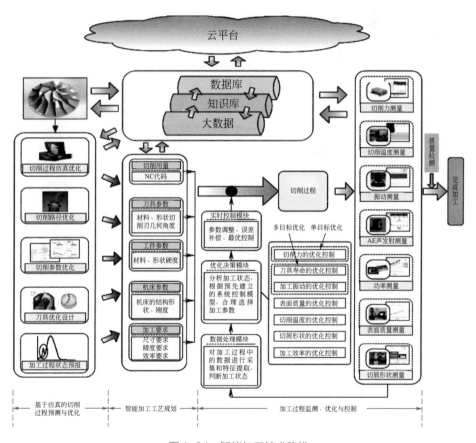

图4-24　智能加工技术路线

4.3.1　设备智能控制技术

（1）专家控制

专家控制是一类采用知识和推理的智能计算机程序的专家系统控制方法，专家系统包含某领域专家水平的知识和经验，具有解决专门问题的能力。该控制方法可以解决的问题一般包括解释、预测、设计、规划、监视、维修、指导和控制等。目前，专家控制已经广泛应用于语音识别、图像处理、计算机设计等领域。专家系统主要由知识库、推理机（包括正向推理、反向推理、双向推理）、知识的表示构成，如图4-25所示。

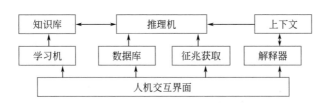

图4-25　专家系统的结构示意图

（2）模糊控制

图4-26是一般模糊控制系统结构图，它的主要核心控制部分是系统中的模糊控制器。模糊控制器对被控对象的控制，其依据是来自人类对生活中或生产实际运用等模糊控制所积累的经验或实际需求理念并表现出来的模糊控制语句等描述形式。在模糊控制编程的语句中，不能缺少的是人类对现实环境的模糊检测以及对被控对象的模糊执行命令，并通过计算机一系列运算，最终去执行完成上述需要完成的命令。

图4-26　模糊控制系统结构示意图

模糊控制器的核心在于模糊化处理、逻辑推理和反模糊化处理。模糊控制器的核心结构如图4-27所示，由模糊化处理模块、反模糊化处理模块、数据库和规则库组成。

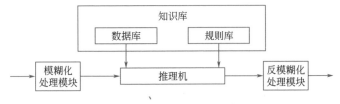

图4-27　模糊控制器的核心结构图

（3）神经网络控制

近年来，神经网络在感知学习、模式识别、信号处理、建模技术和系统控制等方面得到了巨大的发展与应用，其具有高度并行结构、强大的学习能力、连续非线性函数逼近能力、容错能力等优点。神经网络是一个当今非常热门的交叉学科，在人工智能、自动控制、计算机科学、信息处理、机器人、模式识别等方面都有重要的应用实例。

人工神经网络的连接形式和拓扑结构多种多样，但总的来说有两种形式：分层型神经网络和互连型神经网络。

① 分层型神经网络的拓扑结构如图4-28所示。它又分为简单前馈网络、反馈型前馈网络和内层互连前馈网络。分层型神经网络将所有神经元分为若干层，一般有输入层、中间层和输出层，各层顺序连接。因中间层不直接与外部输入和输出打交道，又称为隐层。

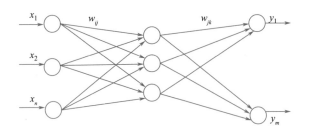

图4-28　分层型神经网络的拓扑结构

② 互连型神经网络的拓扑结构如图4-29所示。其网络的任意两个神经元都相互连接构成全互连神经网络，在各种各样的神经网络模型中，具有代表性的网络模型有感知器神经网络、线性神经网络、竞争神经网络、BP神经网络、径向基函数网络、自组织网络和反馈网络等。

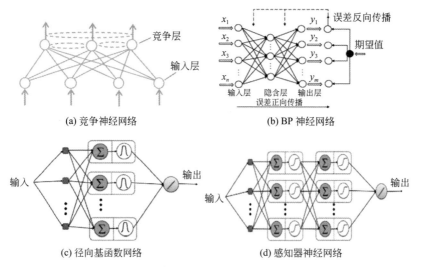

(a) 竞争神经网络

(b) BP 神经网络

(c) 径向基函数网络

(d) 感知器神经网络

图4-29　互连型神经网络的拓扑结构类型示意图

神经网络的控制方案包括监督控制、间接自校正控制、直接自适应控制、模型参考自适应控制、神经网络前馈和常规反馈联合控制、内模控制、神经网络预测控制、神经网络复合控制等类型。其中，间接自校正控制如图4-30所示，直接自适应控制如图4-31所示。

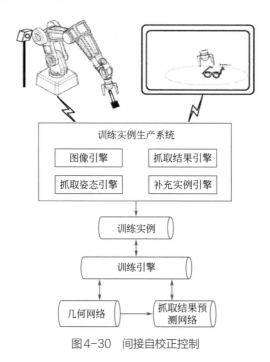

图4-30　间接自校正控制

　　图解智能工厂

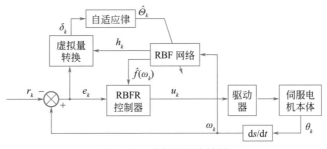

图 4-31　直接自适应控制

4.3.2　智能加工处理过程

以智能切削加工为例。智能切削加工的内涵是基于切削理论建模及数字化制造技术，对切削过程进行预测及优化，在加工过程中采用先进的数据监测及处理技术，对加工过程中机床、工件、刀具的状态进行实时监测与特征提取，并结合理论知识与加工经验，通过人工智能技术，对加工状态进行判断，通过数据对比、分析、推理、决策，实时优化切削参数、刀具路径，调整自身状态，实现加工过程的智能控制，完成最优加工，获得理想的工件质量及加工效率。智能切削加工涉及的因素如图4-32所示。

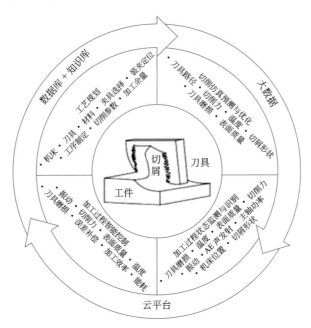

图4-32　智能切削加工涉及因素

智能切削加工过程所涉及的关键技术主要包括：智能切削加工工艺规划、通过仿真手段对切削过程进行预测与优化、在加工过程中对于状态变化的监测、加工过程中的智能决策与控制、贯穿于整个加工过程的数据处理技术。智能切削加工的工艺规划主要特点为在对机床、工装夹具、刀具及加工参数的选择过程中引入数据库、知识库、大数据、云平台等数据处理技术。基于智能工厂的智能切削加工处理过程如图4-33所示。

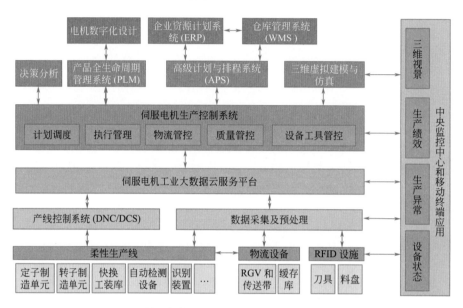

图4-33 基于智能工厂的智能切削加工处理过程示意图

4.3.3 切削仿真的预测与优化

通过数字仿真手段，对切削过程进行预测与优化是智能切削加工技术的重要组成部分，通过仿真，可以对切削过程进行预测并发现切削过程中可能存在的问题并进行优化。例如，通过仿真手段可以对工件装夹位置、刀具走刀路径、切削过程的切削力、表面质量、刀具磨损等进行预测，及时发现过切或欠切。通过走刀路径优化、切削参数优化可以提高加工效率，改善加工质量。

通过仿真方法在已生成的刀具路径上对加工过程中的刀轴矢量进行控制，从而在切削力、稳定性和机床运动方面对加工过程进行改进。刀具姿态对数控运动的影响仿真结果如图4-34所示。

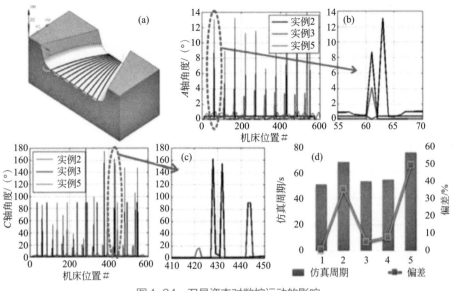

图4-34 刀具姿态对数控运动的影响

（a）表面几何形状；（b）A轴角度变化；（c）C轴角度变化；（d）仿真周期时间

采用Python语言、基于Abaqus对预处理中的切削仿真模型进行二次开发切削仿真。通过切削仿真模型二次开发，可实现刀具角度与工件尺寸的参数化设计，缩短建模时间，奠定建立高效、高精度仿真模型的基础。通过采用综合优化软件Isight与Abaqus联合仿真，对切削参数进行调整，实现对切削力的自动优化控制，并对切削参数的选取进行优化，为选择适合的切削条件提供理论工具。图4-35为切削仿真二次开发与联合仿真处理示意图。

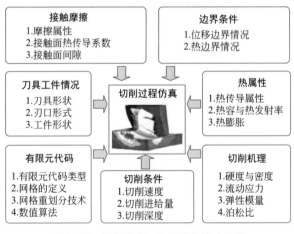

图4-35 切削仿真二次开发与联合仿真

4.3.4　工况自检测

在零件加工过程中，通过对切削力、加持力、切削温度、刀具热变形、刀具磨损、主轴振动等一系列物理量以及由于刀具-工件-夹具间的热力学行为所产生的应力-应变进行高精度在线检测，为工艺知识自学习和制造过程自主决策提供支撑。

智能传感器指具有数据信息采集、数据信息处理等功能的多元件集成电路，是集传感器、计算机和计算机接口于一体的设备。智能传感器基本结构如图4-36所示。传感器负责设备信息的检测和采集，计算机根据设定对输入信号进行处理，通过计算机接口与其他装置进行通信。智能传感器的实现可以采用模块式、集成式或混合式等结构。没有智能传感器，就不会有所谓的第四次工业革命，也就不会有智慧城市应用，不会有智能交通，不会有智能制造。智能传感器在智能制造、智慧农业、智能交通、人工智能等领域发挥重要作用。

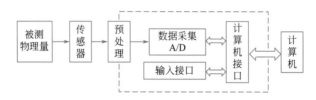

图4-36　智能传感器基本结构

智能传感技术已广泛应用于电网的安全运行中，对实现整个电网的智能运维具有重要意义。该技术采用具有高度集成的传感器硬件和智能信号处理软件，满足电网系统对信号的智能采集需求，以传感器技术为主，以物联技术、特征提取技术等为辅。面向智能电网的智能传感技术架构如图4-37所示。

4.3.5　工艺知识自学习

工艺规划是数控加工的核心环节之一，直接影响产品加工质量和加工效率。工艺人员通常根据经验或借助工艺数据库来选择切削参数，因此，工艺人员的技术和工艺数据库的适用性、完备性决定了数控编程的品质。

为了得到好的加工效果，工艺人员往往需要多次试切，而试切中获得的工艺知识却无法反馈到数据库中，数据库不能实现积累和更新。在数控机床实际

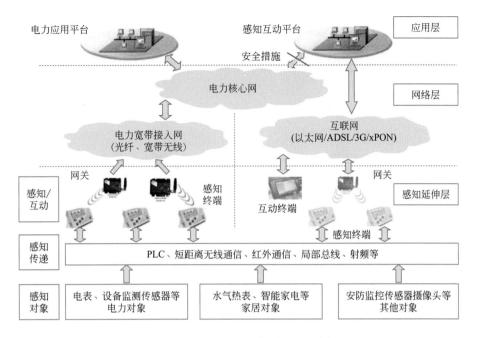

图4-37　面向智能电网的智能传感技术架构

使用的全生命周期内，自动提取工艺数据，对神经网络进行训练。采用这种控制模型可以实现工艺数据库的自生长、自学习，满足工艺知识自学习的要求。自生长、自学习工艺数据库神经网络如图4-38所示。

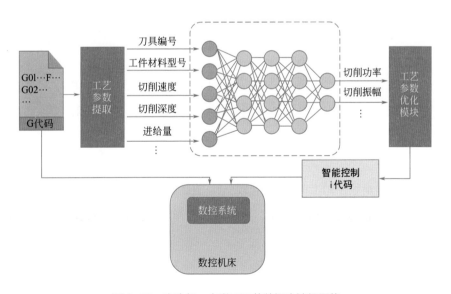

图4-38　自生长、自学习工艺数据库神经网络

4.3.6　制造过程自主决策及设备自律执行

　　先进制造技术的出现正急剧地改变着现代制造业的产品结构和生产过程。传统的相对稳定的市场已变成动态多变的市场。为了适应这种变化和实现所追求的目标，迫切需要开发新一代的具有一定自律控制能力的数控加工设备，来满足日益增长的要求。从自律加工设备应完成的任务来看，它具有结构复杂性和行为自律性的特征。

　　由设备自律控制器和数控机床构成的智能加工系统，欲使其具有一定的自律控制能力，就应具备如下主要功能：感知功能、决策功能、控制功能、通信功能、学习功能。智能车间的分布式自主协同制造体系架构如图4-39所示。

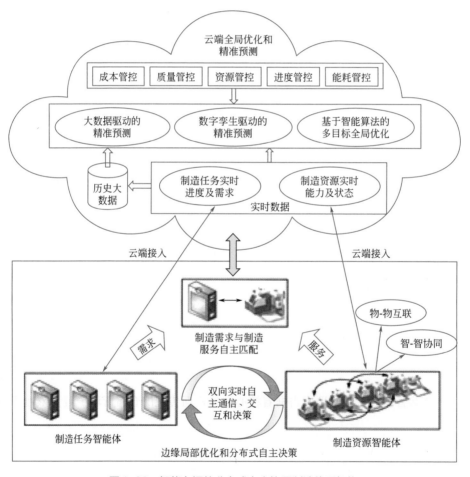

图4-39　智能车间的分布式自主协同制造体系架构

4.4　智能生产管理技术

随着信息技术的发展和生产敏捷性及快速性要求的提出，制造执行系统作为面向车间生产的管理信息系统，在企业计划管理层（ERP）和车间控制底层（FCS）之间架起了一座桥梁，MES直接关系着企业的生产、经营和管理效率，而车间调度又是MES中的重要模块，有效的调度方案能最大限度地降低生产成本、提高企业的信誉，从而增强企业的竞争力。目前，将智能优化算法融入车间调度系统是作业调度方面的一个重要趋势，即车间调度智能化。生产调度问题是非常复杂的问题，通常是多约束多目标随机不确定优化问题。

4.4.1　智能生产动态调度

智能制造环境下整个生产调度工作流程如图4-40所示。生产调度模块是MES中极其重要的模块。在生产调度系统执行排产时，根据不同的内外部环境，运用不同的排序规则。到目前为止，人们已经提出100多种调度规则，不同的目标对应着不同的调度规则。最常用的调度规则有最长工艺加工时间调度规则、最短工艺加工时间调度规则、最早交货期优先原则等。对车间作业的过程进行排产，实现车间生产调度的智能化，提高生产车间设备利用率，从而提高其生产效率。

基于MES的智能车间生产调度系统功能如图4-41所示。该系统主要由四大功能模块组成，分别是基础数据库、作业调度、结果输出、系统维护。

4.4.2　智能物料及仓储管理

仓储管理在企业管理中占据着核心地位，而传统的仓储管理一般又依赖于一个非自动化的、以纸质文件为基础的系统与人工记忆相结合来实现仓储管理。这种方式不仅费时费力，而且容易出错，使得货物仓储环节效率不高，给企业带来不可估量的损失。

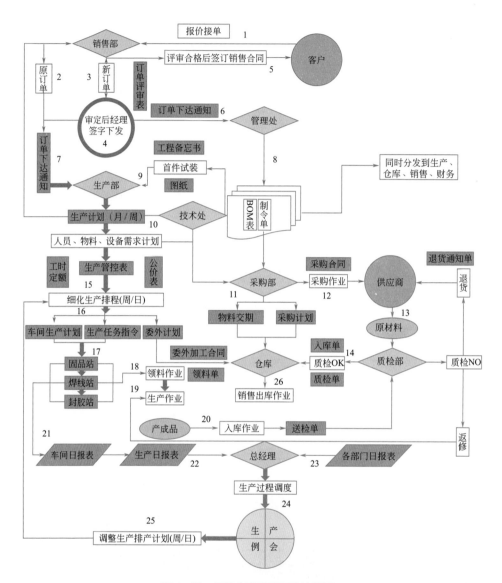

图4-40 系统生产调度工作流程图

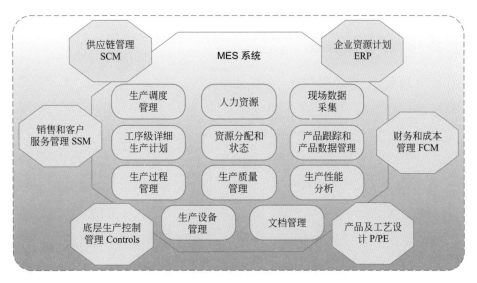

图4-41 基于MES的智能生产调度系统功能

伴随着当今信息管理技术、无线通信技术和条码、RFID技术的飞速发展，全自动、数字化、实时化的仓储管理时代已经到来，越来越多的技术，如条码、无线通信技术及RFID等相关技术也逐渐应用在仓储生产的各个环节。

（1）入库方案整体描述

图4-42为物料入库整体设计方案。在货物到场后，工人先将RFID电子标签逐一贴在单个物品上，贴好标签的物品由装卸工具经由RFID阅读器与天线组成的通道进行称重、入库，RFID设备自动获取入库数量、重量并记录于系统，同时形成订单数据关联，然后通过计算机仓储管理信息系统运算出库位。

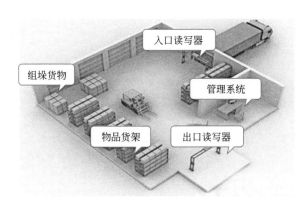

图4-42 物料入库方案整体设计

（2）入库方案实施描述

在仓库的门口部署RFID固定式读写器，同时根据现场环境进行射频规划。例如，可以安装上下左右四个天线，保证RFID电子标签不被漏读。

接到待入库清单后，按照企业要求将产品进行入库，当RFID电子标签（超高频）进入RFID固定式读写器的电磁波范围内会主动激活，然后RFID电子标签与RFID固定式读写器进行通信，当采集RFID标签完成后，会与入库单进行比对，核对货物数量及型号是否正确，如有错漏则进行人工处理，最后将货物运送到指定的位置，按照规则进行摆放。RFID在仓库管理应用中最主要的优势为非接触式远距离识别，且能够批量读取，提高效率与准确性。图4-43为物料入库实施方案设计。

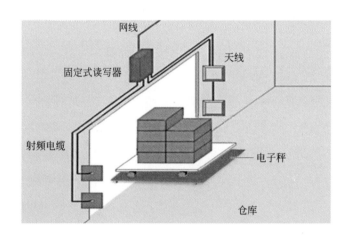

图4-43　物料入库实施方案设计

（3）出库方案整体描述

生产部门根据实际要求从仓库提取原料，在系统后台提交提货需求，根据入库时间、先进先出原则，后台自动生成待出库清单，系统同步发送到仓库管理员的手持机上，仓管员核对信息安排装卸人员执行对应产品出库。图4-44为物料出库实施方案。

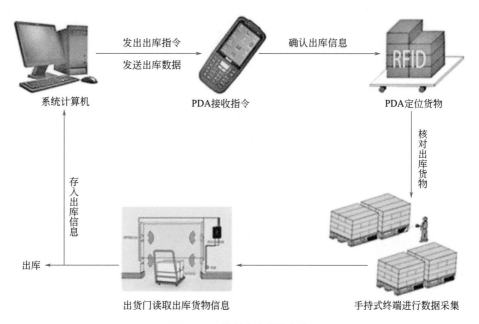

图4-44 物料出库实施方案

PDA：快速智能数据采集设备

（4）硬件平台

仓储管理系统主要的硬件设备包括UHF固定式读写器、手持式读写器、电子标签、应用PC、服务器、数据库服务器等。物料管理的硬件构成如图4-45所示。

图4-45 物料管理的硬件构成

以单个仓库为单位，仓库出入管理可以采用固定式读写器来管理，仓库物品的定位等可以采用手持式读写器来管理。

整个过程中，手持终端通过Wi-Fi网络完成数据交互。操作人员通过手持式读写器读取物资上的电子标签，电子标签的信息显示在显示屏上。手持机通过

Wi-Fi无线网络将标签信息上传到无线接入点，无线接入点通过有线或无线网络将数据上传到后台PC，PC通过无线网络与后台服务器进行数据交互，从而实现货物仓储过程中的高效精准及智能化。

4.4.3 预测性制造技术

预测性维护是以状态为依据的维修，通过对系统部件进行定期（或连续）的状态监测，判定设备所处的状态，预测设备状态未来的发展趋势，依据设备的状态发展趋势和可能的故障模式，预先制定预测性维护计划。智能设备中的零部件高度集成，通过预测性维护，对系统的各个部件进行实时检测，以所检测到的状态参数为基础，对设备未来的工作状况进行预测，进而实现智能装备的预测性维护，是传统制造业转型升级的重要技术基础。

（1）系统功能模型

智能制造装备的预测性维护系统的功能模型如图4-46所示。完整的智能装备预测性维护流程包括数据获取和处理、状态识别、故障判别和定位、健康度预测、维护管理和维护执行等阶段。其中，数据获取和处理阶段的输出为状态表征数据，通过状态识别功能判断装备状态是否发生异常，如未见异常则直接进入健康度预测阶段，如出现异常则进入故障判别和定位阶段以判断是否发生故障，并将故障定位等信息作为健康度预测阶段的输入。

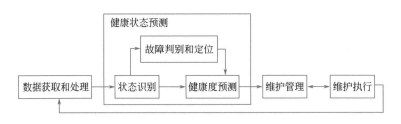

图4-46　预测性维护系统功能模型

（2）工作流程

智能制造装备预测性维护的应用实施应着重于发现和避免系统性失效，其工作流程如图4-47所示，主要包括数据获取和处理、装备特征分析、状态识别、故障判别和定位等。

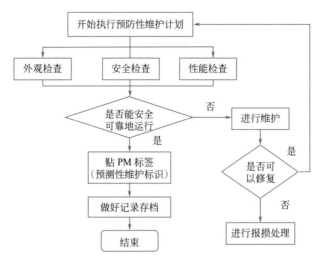

图4-47 智能装备预测性维护工作流程

4.4.4 过程质量监控

面向产品全生命周期的质量控制更强调对产品工艺设计、生产制造、产品使用和回收处理的全过程进行质量反馈，并根据产品市场发展和企业自身条件的变化不断获取质量改进的机会，将设计质量数据、生产过程数据以及维修和售后服务等各方面的数据集成在一起，通过数据挖掘分析，获得有利于改进设计、实现平台质量持续提升的决策依据，是一种全局性的进化。基于大数据全生命周期的生产过程质量控制与改进动态演化框架如图4-48所示。

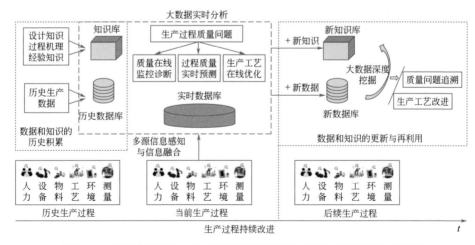

图4-48 基于大数据全生命周期的生产过程质量控制与改进动态演化框架

4.5 智能安全技术

研究智能制造工控网络安全防护体系，主要从直接防护和间接防护两个角度分析。直接防护结合制造全生命周期覆盖、风险防护历史经验等方面，搭建体系化防护框架，重点解决设备应用、通信网络应用、管理软件及数据应用几方面问题。同时，由于智能工厂组网灵活、工业数据量大且动态变化复杂，还要辅以其他防护手段，做到间接防护，实现动态化的防护策略，构建基于安全数据的安全综合管控平台，进行大数据分析，达到整体安全态势监测与变化分析，做到及时预警和防护协同，提高智能工厂工业控制网络安全水平。智能制造工控网络间接安全防护框架如图4-49所示。

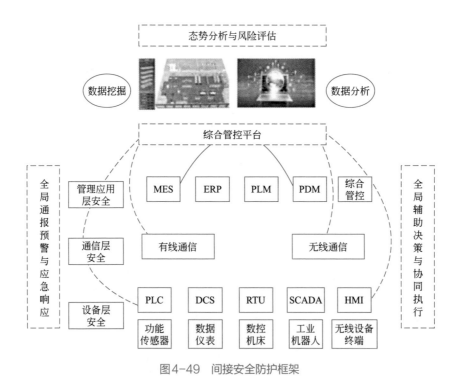

图4-49 间接安全防护框架

智海拾贝

基于OPC UA的通信接口标准

在传统的MES中，前期快速构建设备数据采集、业务处理等应用，对于今后频繁变化的业务部分（如添加异源硬件设备的接口等），通过封装变化、动态扩展的方式来应对。而在智能工厂的MES中，运用OPC UA统一接口技术处理异构多源数据，实现异构软硬件集成策略，完成企业以MES为核心的完整信息化建设。

OPC UA是一个不依赖平台的标准，具有更高的安全性和可靠性。从原来局限于Windows系统的OPC技术，扩展完善到了Linux、Unix等各种系统，完成跨平台的发展。OPC UA被映射到一种通信协议（如TCP传输控制协议）上，数据可以不同形式编码（如UA二进制形式或可扩展标记语言/文本形式）传输，将各个系统和设备接口标准化，使数据在任何网络中能进行无障碍通信。

为降低传统信息通信的复杂度，实现控制层与MES间的数据双向通信，在智能工厂MES运用OPC UA统一规范，将MES外部和内部各模块之间的接口通信标准化，使用这种标准化机制来确保简单清晰的数据交换，方便后期维护，提高MES系统稳定性。这样任意设备只需提供OPC UA Server就可与任何系统进行信息通信。MES基于OPC UA集成上下层，与传统MES相比，优势在于结构简单，开发工作量小，且数据传输速度快，可靠性高。

因此，在构建智能工厂MES过程中，运用OPC UA接口技术，可解决车间智能设备和控制系统的异构集成问题，实现系统在信息模型层次上的互操作，实现MES自动采集工厂数据，跨平台无缝集成下层控制系统以及上层的企业资源系统。图4-50所示为基于OPC UA的系统结构。

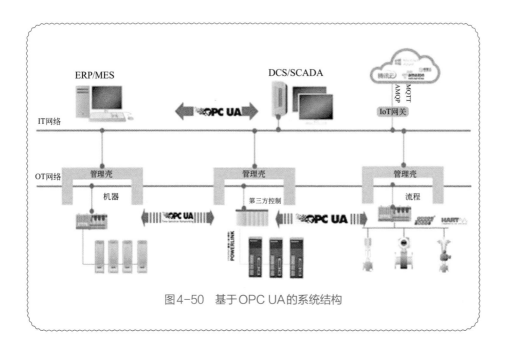

图4-50　基于OPC UA的系统结构

第5章

智能工厂运维

5.1 智能工厂运行

在智能工厂运行中，主要通过管理层面的信息系统，实时采集相关生产车间各个工序和设备的实时状态及相应的生产数据，实现对整个智能工厂的生产数据及设备状态的数据采集、实时分析、处理相关生产数据，反映智能工厂的实时生产状态。

5.1.1 生产过程监控

生产过程监控是通过智能工厂的信息系统将各生产单元的物理执行模块互连互通，实时地反映生产状态。智能工厂的信息系统包括制造执行系统（MES）、生产追溯系统（MF-MTS）、数据采集与监控系统（SCADA）、机器视觉系统、无线工业通信系统，如图5-1所示。通过以上系统的协调协作，可以应用远程终端，如手机APP、PC端控制软件、互联网浏览器等，实现对智能工厂的远程下单、远程管理和远程监控，形成集透明生产、创新生产、柔性生产和精益生产的智能生产新体系。

制造执行系统（MES）是智能工厂生产过程监控的主要系统，它是面向车间执行层的管理系统，是将工业系统的控制层与计划管理层有机结合起来的桥梁。MES的目的是对整个生产车间生产系统的优化，实现企业信息融合集成。

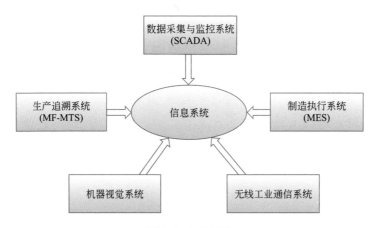

图5-1　信息系统

随着科技水平的发展，MES系统逐渐演变为数据采集、生产调度管理、人力资源管理、工序详细调度、产品追踪、资源分配、质量管理、过程控制、绩效管理、人员管理、计划管理11个功能模块，如图5-2所示。

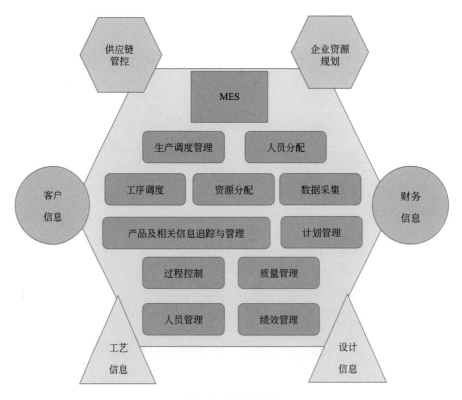

图5-2　MES系统

通过 MES 系统与其他系统之间的有机联系，实现对智能工厂运行生产过程中每一个环节的监控，根据监控信息可以及时调整相关生产信息，更快地提高生产效率，提升智能工厂的竞争力。

5.1.2 产品质量管理及追溯

智能工厂的产品质量管理及追溯，主要通过生产追溯系统（MF-MTS）与其他相关系统的配合，通过给产品添加电子标签、对物料进行识别、自动记录工艺工序等信息化技术手段、质量监控、实时分析和产品追踪，实现对整个生产过程的质量管理与生产过程追溯，极大地提高了产品质量，如图5-3所示。

生产追溯系统实施总体架构包括生产计划、生产执行和质量管理三个业务模块，以及接口管理模块一个管理模块。与智能工厂其他系统一样，生产追溯系统的硬件部署，要充分考虑系统架构的可用性、数据安全性与扩展兼容性，采用系统集群技术，系统硬件在车间层采用多种数据采集终端，如手持RF、工控机终端、RFID等控制手段以及LED大屏展示看板，对车间进行综合管控。

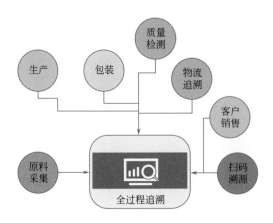

图5-3 生产追溯系统

在智能工厂实际运行中，利用RFID技术跟踪产品生产过程中的加工、人员信息、产品信息及质量信息，彻底解决了企业运营管理与实际生产执行过程中的协同问题，实现了生产计划和生产制造系统之间的数据一体化集成管理，如图5-4所示，提高了企业生产经营管理与控制决策能力，提升了产品质量，提高了设备效率，降低了维护成本，并且通过质量追溯完善了售后服务。

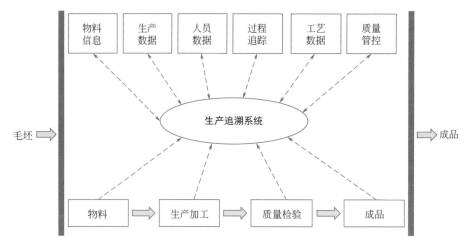

图5-4 产品质量管理追溯流程

5.1.3 生产调度以及数据统计分析

智能工厂的生产调度通过数据统计分析、数据采集与监控系统（SCADA）与制造过程管理系统（MES）的配合，由SCADA系统采集智能工厂各Agent的信息，如设备状态信息、生产数据信息、质量数据、工艺数据、物料信息等，经过系统的整合与分析，形成对智能工厂的生产调度以及数据统计分析，如图5-5所示。

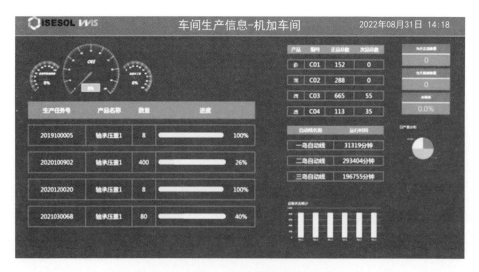

图5-5 智能工厂生产数据统计分析图

智能工厂实际运行中，各硬件实体与任务工件通过生产追溯系统进行状态追踪。在某一调度时刻，虚拟空间中的Agent读取对应的物理实体状态数据，再将Agent接收的状态数据嵌入协调模型中，通过各Agent之间的协调交互做出相应的调度决策，对现实中的制造实体进行反馈控制。整个决策过程如图5-6所示。

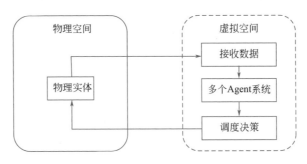

图5-6　智能工厂实时调度机制

智能工厂的数据采集与监控系统采用分布式架构部署，如图5-7所示。系统网络中的每一个节点都可以独立执行分配的任务，不会因为一个节点的离线而影响整个网络的运行。该架构拥有独立的实时高速缓存功能，可以实现多通道、多设备的同步实时数据采集，并具备实时远程操控的管理能力。

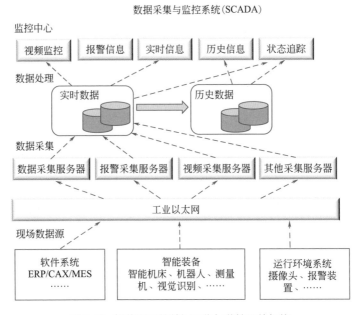

图5-7　智能工厂的数据采集与监控系统架构

5.2　智能工厂维护

5.2.1　设备故障预警

　　智能工厂的设备故障预警是对智能工厂各设备的预防维护和故障报警，主要通过数据采集与监控系统（SCADA）与其他相关系统的配合，应用状态检测、故障诊断、状态预测、维护决策几个模块，保证智能工厂各智能装备稳定运行。

　　智能工厂的设备故障预警主要采用基于设备状态预警与基于时间预警两种方式：基于设备状态预警主要依据设备运行的历史数据和实时数据来确定设备的运行状态，以确定维护的必要性与有效性；基于时间预警主要依据设备运行的时间，根据响应的时间维护信息进行预警。智能工厂的设备故障预警架构如图5-8所示。

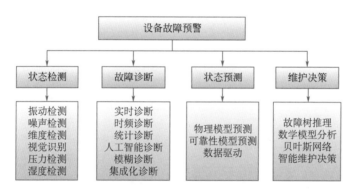

图5-8　智能工厂的设备故障预警架构

5.2.2　作业人员管理

　　智能工厂根据实际需求，采用最先进的RFID技术与工厂管理相结合，对于工厂人员的班组管理、考勤管理、工作区域定位管理、绩效管理等实现智能控制，进而使智能工厂的管理更加高效、智能。

　　RFID是一种非接触的自动识别技术，可实现对人员信息的高速采集。在智能工厂中，相关作业人员带着有源电子标签卡进入智能工厂，电子标签卡不停地向外接发射信息，当作业人员进入读写区以后，读写区的读卡器就可以读取相关标签信息，如图5-9所示，再通过工业以太网等把相关信息传到智能设备。在智能工厂的其他场所中，如房屋、道路等位置安放读写器。当出现信号消失、跨区域等行为时，中央控制室发出声光报警提示，管理人员可根据相关信息进行查看并做出处理。

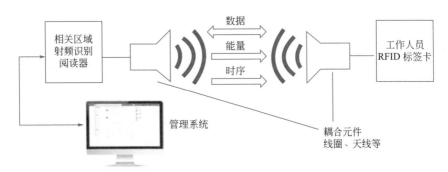

图5-9　RFID基本模型

智能工厂的作业人员管理系统主要分为事件采集系统、数据传输系统、数据存储与处理系统、客户端系统四个系统模块，如图5-10所示。事件采集、传输、存储子系统实现实时批量数据的存储、传输、检索和处理；客户端系统则在PC端和移动端实现管理者对数据的实时查询和监测。

5.2.3　数字化远程维护技术

智能工厂的数字化远程维护服务系统主要包括远程诊断维护系统、移动维护系统、远程专家在线维护系统和远程服务总控台。

远程服务总控台主要用于监控各设备运行情况，并通过无线接入技术与远程维护各终端相连接，进行各种远程诊断维护服务，并生成相应的数据统计信息。

智能工厂的数字化远程维护服务系统主要分为设备层和远程维护管理层两部分。设备层是设备运行状态信息的来源，用于设备信息获取、数据传输、简单诊断维护功能等，其功能结构如图5-11所示。远程维护管理层是用于对设备层反馈的信息进行处理分析，形成对设备层信息的分析整理与管控。

智能工厂的数字化远程维护技术，提升了智能工厂设备维护及诊断的响应速度，克服了传统维护方式受时间、距离影响的限制，降低了维护服务成本，提高了设备的安全性和可靠性。

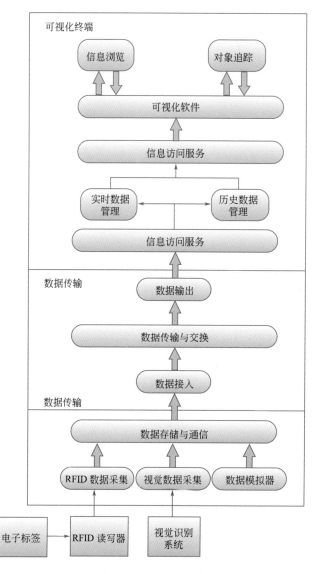

图 5-10 智能工厂的作业人员管理系统

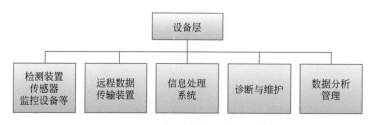

图 5-11 数字化远程维护系统设备层体系功能结构

5.3　智能工厂运维存在的困难

（1）设备没有联网，动态数据缺失

由于个别设备出厂条件限制，不具备Agent条件，需要单独加装多种监控与辅助设备，受到接口条件、工厂环境等因素的限制，无法完成对数据的实时动态查看，被动运维，影响智能工厂的生产效率。

（2）多种系统并存，设计因素复杂

智能工厂运维需要制造执行系统、生产追溯系统、数据采集与监控系统、机器视觉系统、无线工业通信系统等多重系统并存合作，在设计初期如未考虑周全，数据传输与设置出现漏洞，会导致各系统各自为政，出现联动故障。

（3）工厂软硬件发展不均衡

智能工厂受建设条件与初期生产要求的限制，有些注重硬件投资，忽视软件系统应用，投入大量资金改造生产线的自动化设备，购买大量高端数控设备，但没有相应的软件系统，导致生产线和设备应用不足，或新加入设备缺少相应端口或软件支持，无法满足技术改造提升需求。

（4）设备传输与通信要求高

智能工厂运行往往需要加强大功率无线数据传输和通信。大量的射频识别和自动数据采集系统，不仅难以通过有线传输进行现场重建，而且经常出现设备振动导致网络接口松动的情况。

智海拾贝

沈阳工学院智能工厂运行维护

沈阳工学院智能工厂在运行维护中，通过管理层面的信息系统，采集各个工序和设备的实时状态及相应的生产数据，实现对整个智能工厂的生产数据、设备状态的数据采集，实时分析与处理相关生产数据，反映智能工厂的实时生产状态，如图5-12所示。该智能工厂运行维护系统具备设备状态监控、

单元启停、班组管理、生产管理、总控设定、产量统计和设备统计等功能；同时，集成了AGV调度系统，能够动态地显示AGV的位置、状态、任务等信息，并提供在线远程控制功能，实时改变AGV的各种参数，如图5-13所示。

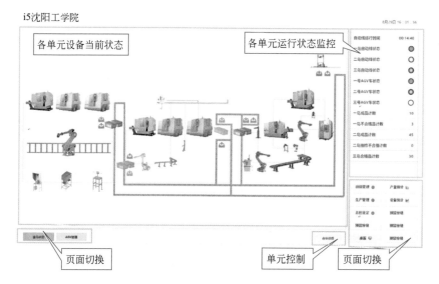

图5-12　智能工厂车间总控系统主界面

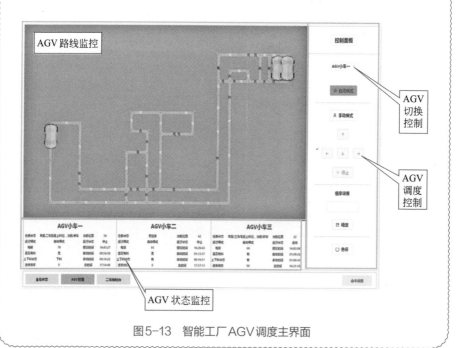

图5-13　智能工厂AGV调度主界面

第6章

智能工厂的实施

6.1 智能工厂的实施路径

在工业物联网的大浪潮下，智能工厂的落地实施，都有自己的实施条件和路径，没有捷径可走，行业不同、企业不同，道路也会不同。

中国工业从"制造"迈向"智造"，对于不同的行业和不同的企业来说，由于市场需求模式不同、产品工艺不同、管理基础不同等，侧重点同样会有所不同。以下是九种发展路径，也是通往工业智能化的可行之路。

（1）数字化

对于离散型的制造行业，如机械装备、纺织服装、电子电器、家居用品等，由于制造工序较分散，零件种类及数量庞大，想要实现数字化确实困难，但是必须走出这一步。传统的方法、管理模式已经不适应当前信息化时代，因此，需要从时间维、方法维、逻辑维三方面，借助于现代管理手段，将CAD、CAE通过PDM、PLM、ERP等软件，使产品从开发设计、生产制造、物料采购到生产交付全过程实现数字化，每一张产品图纸、每一个物料信息、每一个生产工艺都被数字化连接在一起。典型数字化转型解决方案如图6-1所示。

（2）自动化

劳动力成本逐渐提高，机器替代人工是大势所趋。基于精益生产理念，将独立的单机设备通过机器人或机械手有机地连接在一起，消除了中间等待的时

图6-1 典型数字化转型解决方案

图6-2 沈阳机床i5智能系统自动线

图6-3 沈阳机床i5 T3桁架
机械手智能化加工单元

间浪费、过多在制品的物质浪费，实现了单件流的自动化生产。沈阳机床i5智能系统自动线如图6-2所示。

（3）智能化

中国现在大多数企业还处在工业2.0状态，要想推进智能制造，就必须走工业2.0补课、工业3.0普及、工业4.0示范的道路，重要的是从基本的自动化、数字化做起。这里的智能化包含两个含义：一个是产品的智能化，另一个是制造过程的智能化。

传统的设备需要加入智能控制模块，实现数据的自动采集、分析和控制，可以与MES等系统连接，这些数据经过智能软件系统的运算分析，将帮助提高运营效率，降低能耗，提高产品质量，创新企业生产管理模式。沈阳机床i5 T3桁架机械手智能化加工单元如图6-3所示。

（4）个性化

客户个性化的需求，拉动企业各方面进行创新。从市场营销到设计研发，从生产制造到售后服务，高速发展的互联网、人工智能等信息技术为其提供了支持，使得个性化实现变得容易，同时也催生了3D打印技术等的蓬勃发展。基于金属3D打印的八爪鱼如图6-4所示。

图6-4　基于金属3D打印的八爪鱼

（5）精益化

精益生产理念来源于日本丰田公司，其两大支柱就是"准时化"与"自动化"，该理念所追求的目标是"零浪费"。基于该目标，从产品全生命周期各环节出发，从用户的角度出发，优化企业生产组织流程，促进生产资源的优化配置，以此获得质量、效率和反应速度的快速提升。精益生产的成功，关键在于管理观念的转变。精益生产中的七大浪费如图6-5所示。

| 库存 | 过量生产 | 运输 |
| 缺陷 | 多余加工 | 多余动作 | 等待 |

图6-5　精益生产中的七大浪费

（6）标准化

从美国福特公司到日本丰田公司的成功经验可知，标准化是自动化的基础。标准化主要包括标准化的作业流程和作业方式，有了标准化，更方便实现流水线作业，通过批量经济生产降低成本，这也是大批量生产的最大优势。精益生产中，为了实现快速换产，作业标准化更加重要。企业标准化作业内容如图6-6所示。

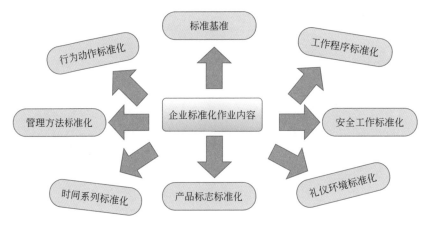

图6-6　企业标准化作业内容

（7）服务化

随着先进制造技术的发展，"工业4.0"理念深入各行各业。目前的智能制造已经超越制造过程以及制造业本身，跨越产品全生命周期的整个价值链，涵盖航空、能源、交通、医疗等更多工业领域，传统的制造企业正由设备制造商向工业服务商转变，正在努力寻找一种创新的商业服务模式来打动客户。企业经营理念的变化如图6-7所示。

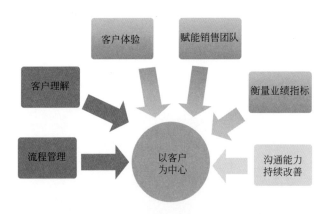

图6-7　企业经营理念的变化

（8）生态化

进入工业文明时代以来，人类创造了前所未有的物质财富，也产生了难以弥补的生态创伤。"绿水青山就是金山银山"，以鲜明生动的语言直抵人心，使人们的思想认识提升到一个新高度：绿水青山既是自然财富、生态财富，又是社会财富、经济财富；保护生态环境就是保护生产力，改善生态环境就是发展生产力。生态智能制造如图6-8所示。

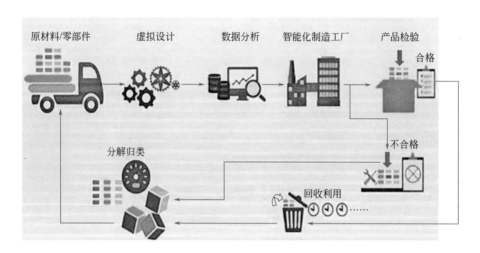

图6-8　生态智能制造

（9）全球化

经济全球化是社会生产力发展的客观要求和科技进步的必然结果，为世界经济增长提供了强劲动力，促进了商品和资本流动、科技和文明进步。

在世界互联互通的今天，需要考虑全球化来配置资源，在满足功能的前提下，选择高价性比的功能部件，可以提高效率、降低成本；同时也带来了创新技术、管理经验和企业创新精神，更有利于我国国有企业建立现代企业制度。近年来，我国的"一带一路"倡议，促进了中国与沿线国家的多方面战略交流。

经济全球化案例：德国欧宝轿车全球采购方案，如图6-9所示。

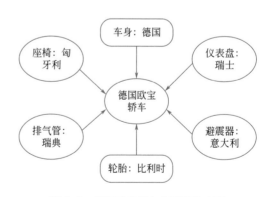

图6-9　德国欧宝轿车全球采购方案

6.2 智能工厂的实施原则

6.2.1 推进智能制造的"三要三不要"原则

（1）"三要"原则

① 智能制造标准规范要先行。国内有关研究所和机构提出了智能制造标准化参考模型和标准体系框架，从总体智能产品和装备工业互联网、智能工厂、工业云和大数据以及服务型制造和行业应用的方面，规划了智能制造技术标准布局和工作，将以先进标准引领，倒逼中国制造智能转型和向中高端升级。智能制造模型名称与制定组织如表6-1所示。

表6-1 智能制造模型名称与制定组织

序号	模型名称	制定组织
1	工业4.0 RAMI4.0参考架构模型	德国工业4.0平台
2	智能制造生态系统SMS	美国国家标准与技术研究院NIST
3	工业互联网参考架构IIRA	工业互联网联盟IIC
4	智能制造系统架构IMSA	中国国家智能制造标准化总体组
5	物联网概念模型	ISO/IECJTC1/WG10物联网工作组
6	IEEE物联网参考模型	IEEE P2413物联网工作组
7	ITU物联网参考模型	ITU-TSG20物联网及其应用
8	物联网架构参考模型	oneM2M物联网协议联盟
9	全局三维图	ISO/TC184自动化系统与集成
10	智能制造标准路线图框架	法国国家制造创新网络AIF
11	工业价值链参考架构IVRA	日本工业价值链计划IVI

② 智能制造支撑基础要强化。智能制造涉及一系列基础性支撑技术，可以概括为智能制造关键技术装备（硬件技术基础）和智能制造基础软件/网络安全技术（软件技术基础）两大类。

③ 信息物理系统（CPS）理解要全面。CPS应用于智能制造中，将以一种新的信息物理融合生产系统（HCPS）形式，将智能机器、存储系统和生产设施相融合，使人、机、物等能够相互独立地自动交换信息、触发动作和自主控制，实现一种智能、高效、个性化、自组织的生产方式，构建出智能工厂，实现智能生产。HCPS关系如图6-10所示。

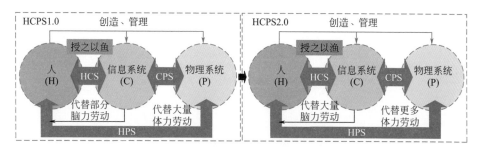

图6-10　HCPS

（2）"三不要"原则

① 不要在落后的工艺技术上搞自动化——对应于在"工业2.0"阶段必须先解决优化工艺基础上实现自动化的问题；

② 不要在落后的管理基础上搞信息化——对应于在"工业3.0"阶段必须先解决在现代管理理念和基础上实现信息化的问题；

③ 不要在不具备数字化、网络化基础时搞智能化——要实现"工业4.0"，必须先解决好制造技术和制造过程的数字化、网络化问题，进行补课、普及和示范。

6.2.2　智能工厂的三个维度

国内企业制造模式主要划分为两大类：一是离散型制造，产品往往由多个零件经过一系列并不连续的工序的加工，最终装配而成，如火箭、飞机、武器装备、船舶、电子设备、机床、汽车等制造业，都属于离散制造型企业；二是流程型制造，是通过一条生产线将原料制成成品，如集成电路、药品及食品、饮料制造、采掘业、冶炼业等。

打造具有中国特色的智能工厂，实现全面的精细化、精准化、自动化、信息化、网络化的智能化管理与控制，既很好地符合智能工厂的定义，又能与美国工业互联网、"中国制造2025"等理念完全吻合，以实现优质、高效、低耗、清洁、灵活的生产，从而建立基于工业大数据和"互联网"的智能工厂。

可以用一个三维图形来表示机械制造业智能工厂的三个维度，如图6-11所示。图中表明了一个智能工厂的业务范围及实现企业价值链的横向集成、企业内部的纵向集成和信息物理系统（Cyber Physical System，CPS）的技术支持系统的三个维度。

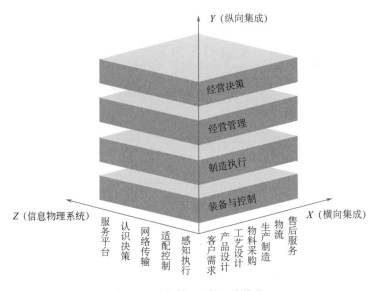

图6-11　智能工厂的三个维度

6.3　智能工厂的实施

6.3.1　智能工厂的相关国家政策及六大方向

我国先后出台了《中国制造2025》《积极推进"互联网＋"行动的指导意见》《关于深化制造业与互联网融合发展的指导意见》《智能制造发展规划（2016—2020年）》《关于深化"互联网＋先进制造业"发展工业互联网的指导意见》《2017年智能制造试点示范项目要素条件》等政策文件，为智能制造发展提供了有力的制度保障。

根据国家政策文件要求，围绕智能制造模式，应用新技术创新，开展智能制造工作，主要分为以下六个方向：工厂总体设计、工艺流程及布局，实现对物流、能源、资产的全流程监控，采用先进控制系统，建立制造执行系统（MES）及企业资源计划系统（ERP），建立工厂通信网络架构，建立工业信息安全管理制度和技术防护体系。智能工厂仓储物流管理系统如图6-12所示。

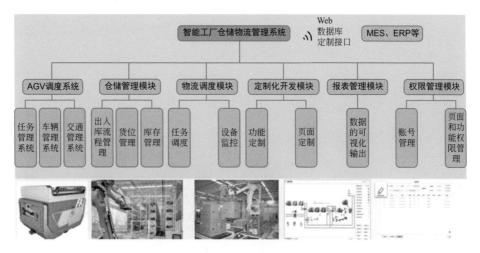

图6-12 智能工厂仓储物流管理系统

6.3.2 国内外智能工厂实施现状

我国在航空、航天、船舶、汽车、家电、轨道交通、食品饮料、制药、装备制造、家居等多个行业对生产和装配线进行自动化、智能化改造，建立全新的智能工厂的需求十分旺盛，目前涌现出海尔、美的、格力、东软医疗、沈阳机床等智能工厂建设的示范。沈阳机床推行的智能工厂如图6-13所示。

图6-13 沈阳机床推行的智能工厂

但是，我国制造企业在推进智能工厂建设方面，还存在诸多问题与误区：

① 行业对智能工厂认知程度不同，建设水平分化差距较大；

② 智能工厂建设的系统性规划不足，全生命周期价值创造力有待增强；

③ 对外技术依存度仍然较高，安全可控能力有待进一步提升；

④ 国内外智能设备供应商越来越多，智能化的设备大量涌现，标准规范性不强；

⑤ 工厂运营层存在"黑箱"现象，生产过程难以实现全程追溯，存在大量的信息孤岛。

6.3.3 智能工厂实施的步骤

（1）建立企业智能制造系统架构

基于工业互联网理念进行智能制造系统架构设计。2019年11月，凯捷研究院（Capgemini Research Institute）的一份报告中显示，未来五年，制造商计划增加40%的智能工厂，智能工厂将为全球经济带来1.4万亿～2.2万亿美元的附加值（2023年，由于智能工厂生产率的增长，制造业的平均预期增加值为1.9万亿美元）。在2017—2019年这两年里，拥有智能工厂项目的企业比例大幅上升：2017年的报告发现，43%的受访者拥有此类项目，而2019年的调查结果显示，68%的企业有正在进行的项目。智能工厂给企业带来的经济效益将会非常可观，但是目前绝大多数企业还处在部分使用应用软件的阶段，少数企业也只是实现了信息集成，极少数企业能够实现人机的有效交互。因此，需要抓住企业的核心痛点，从架构中的某一点出发，做好对企业提质增效的业务，实现企业高效、绿色的追求目标。例如，潍柴动力的智能制造系统架构如图6-14所示。

（2）基于该架构下的虚拟工厂布局设计

工厂布局设计需要一种可视化、参数化的设计手段，可以配置生产线3D模型、工装夹具3D模型、生产线人因模型以及整个工厂模型。使用3D工厂设计可以快速实现生产线布局设计，并能快速直接基于2D图形进行3D模型设计，形成数字化工厂布局模型。3D工厂模型可以直接提供给物流分析、离散事件仿真等软件使用，开展工厂整体仿真分析。灯塔工厂——三一重工18号厂房数字仿真工厂如图6-15所示。

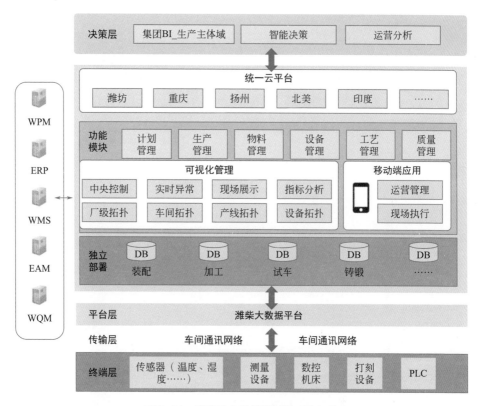

图6-14 潍柴动力的智能制造系统架构

图6-15 灯塔工厂——三一重工18号厂房数字仿真工厂

（3）基于该架构下的企业数字化过程

① 智能制造的企业数字化平台架构。

数字化企业平台是实现智能制造的重要支撑，通过数字化企业平台的建设，打造企业三大核心体系：核心研发体系、核心制造体系和核心服务体系。数字化企业平台涵盖数字化产品智能设计DPD、数字化产品协同研发DLM、数字化制造DM、数字化质量QMS、数字化服务DS、数字化制造执行MES、数字化生产管理ERP、供应链及客户关系管理。东软医疗的信息系统服务平台如图6-16所示。

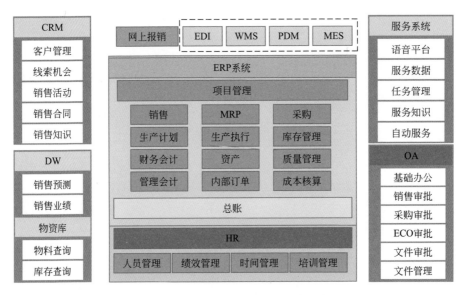

图6-16　东软医疗的信息系统服务平台

② 实施智能制造的两个步骤和四个阶段。实现智能制造将是一个长期的过程，不同企业的不同基础条件决定了过程的长期性和建设的复杂性。总体来说，必须坚持按两个步骤、四个阶段进行推进。

两个步骤：

第一步，向3.x迈进：

● 实现PLM（DPD、DLM、DM），ERP，MES，QMS；

● 生产过程自动化，柔性生产线横向网络集成、纵向网络集成；

● 改善产品质量，降低成本，创造安全的网络环境，实现透明化工厂并普及数字化。

第二步，向工业4.0迈进：

● 基于信息物理融合CPS的智能生产系统，个性化大规模生产；

● 自组织和自优化的动态生产模式，并基于大数据的智能决策和实施生产过程优化；

● 云计算服务参与管理复杂生产，形成互联工厂，帮助人学习和操作；

● 跨企业价值链新型生态业务模式，采用关键技术，如CPS、IIoT、IoS等。

四个阶段：

第一阶段，开展三维产品设计，推进数字化产品协同设计；

第二阶段，实施数字化产品设计与工艺一体化系统，推进数字化制造工艺管理；

第三阶段，实施数字化设计到制造的一体化系统，实现横向和纵向高度集成；

第四阶段，实施新一代信息物理融合系统CPS。

③ 数字化制造系统总体架构。数字化制造由工艺与设计协同、零件制造工艺、装配工艺、仿真、车间作业指导、系统集成等主要部分组成，具体业务包括基于PR模型工艺数据与过程的管理、零件制造工艺规划、装配工艺规划、工艺仿真、人因工程仿真、工装设计、标准作业指导、工厂与物流仿真、机器人仿真以及与ERP、MES集成等。数字化制造系统总体架构如图6-17所示。

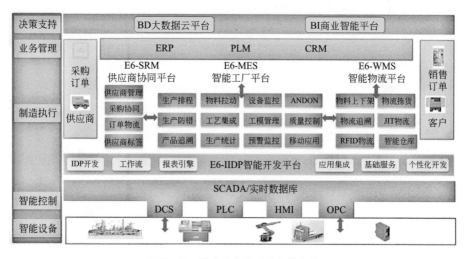

图6-17　数字化制造系统总体架构

（4）基于该架构下的数字化车间的建设

数字化车间技术是数字化制造技术在生产制造领域的重要应用，已成为先进制造技术在实际制造过程中的实现基础，其优越性主要体现在以下方面。

① 时间：减少工艺规划时间和生产试制时间，缩短生产准备周期；

② 质量：提高规划质量，优化生产线的配置；

③ 成本：减少物理原型的使用，减少整体工程更改量，降低设备人员的投入。

6.4 机床行业智能工厂实施案例

（1）沈阳机床i5智能数控系统

"i5"是指工业化（Industry）、信息化（Information）、网络化（Internet）、智能化（Intelligent）、集成化（Integrate）的有效集成。i5系统即便对于一个不太懂技术的人员而言，也可快速上手操作机床，i5不仅仅是一项技术，更是一种新的商业模式。该系统使工业机床"能说话""会思考"，满足用户个性化需求，工业效率提升20%，原来70分钟的数控机床加工准备时间被缩短到5分钟。管理人员在平板电脑或手机上轻轻点滑，就可以向i5智能机床下达指令，在千里之外实现管理，真正实现了"指尖上的工厂"。如同智能手机改变人类生活方式一样，同样基于互联网技术诞生的i5智能机床，正在对于人类的生产方式产生彻底的颠覆。沈阳机床的i5智能数控系统如图6-18所示。

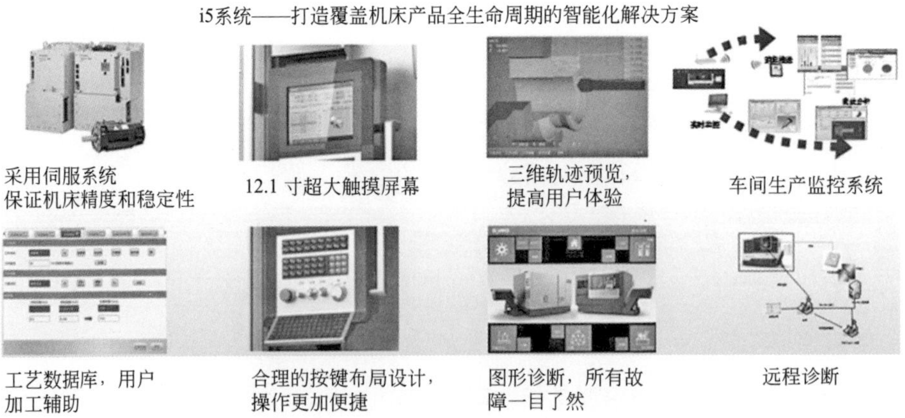

i5系统——打造覆盖机床产品全生命周期的智能化解决方案

采用伺服系统保证机床精度和稳定性　　12.1寸超大触摸屏幕　　三维轨迹预览，提高用户体验　　车间生产监控系统

工艺数据库，用户加工辅助　　合理的按键布局设计，操作更加便捷　　图形诊断，所有故障一目了然　　远程诊断

图6-18　沈阳机床的i5智能数控系统

（2）沈阳机床－智能云科 iSESOL 云平台技术

iSESOL 平台实质是基于"云服务＋物联网＋智能终端"的链接，以"中国制造2025"与"互联网＋"理念为指导，以制造装备互联为基础，基于"工业互联＋云服务＋智能终端"的创新模式，其主要目的是打造智能制造新生态，让制造更简单。

iSESOL 平台包括：交易智选云、生产管理云、区域协同云、金融合作云、人才培养云及个性定制云，如图6-19所示。

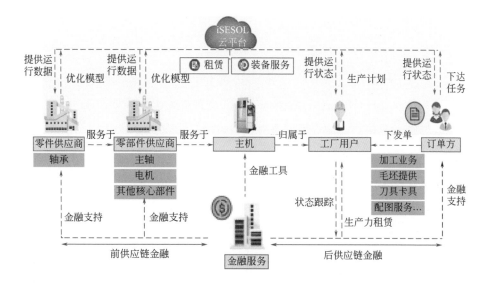

图6-19　沈阳机床－智能云科 iSESOL 云平台

（3）智能工厂典型示范基地——沈阳工学院 i5 智能制造实训中心

为了适应"中国制造2025"新形势下对人才培养的要求，沈阳工学院与沈阳机床进行深度战略合作，共同建设数字化工厂，将现代化的工厂搬进校园，与企业的先进技术、现场应用进行无缝连接，并共同建设了 i5 智能制造学院和 i5 智能制造实训中心，采用的数控系统主要有 i5 智能系统、FANUC、SIEMENS，共配有压盖、叶轮、轮毂三条柔性自动化加工单元及一个智能仓储车间组成的数字化工厂，并依托 i5 系统的 WIS 车间管理系统，组建了智能工厂。沈阳工学院 i5 智能制造实训中心如图6-20所示。

图6-20 沈阳工学院i5智能制造实训中心

（4）WIS车间管理系统

WIS（Workshop Information System）是面向制造企业车间执行层的生产信息化管理系统，是一套面向车间生产执行过程的信息化管理解决方案与服务。WIS以i5智能数控系统为核心并深入车间管理，通过强调制造过程的整体优化来帮助企业实施完整的闭环生产，同时为企业智能制造提供了良好的实施基础。WIS框架如图6-21所示。

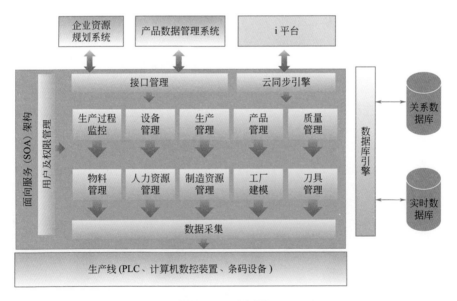

图6-21 WIS框架

① WIS 车间管理系统的主要功能模块如表6-2所列，WIS 管理看板如图6-22所示，机床参数看板如图6-23所示。

表6-2 功能模块

模块			说明
制造执行系统 WEB端	基础信息管理	工厂布局管理	用户可以为工厂建立组织机构，并利用编辑器建立工厂的布局图
		员工管理	用户可以利用员工管理模块维护工厂内的员工基本信息
		设备管理	用户可以定义设备的类别类型信息，并维护设备的台账信息
		能力管理	定义生产某一类产品时所需要的生产能力信息，并将能力信息与设备和人关联起来，从而实现合理安排生产
		生产单元管理	定义生产过程中参与生产的单元信息，包括生产线、工位、班组信息。这些生产单元会参与到排产
		班制班次管理	管理工厂内工人上班时间的班制和班次信息
	产品信息管理	物料管理	定义生产过程中的所有物料信息，包括物料类别、物料类型以及物料品种信息
		产品管理	管理工厂生产的产品信息、产品制造工艺信息，以及产品工艺路线信息
		刀具管理	管理生产过程中的刀具基本信息，包括刀具类别、刀具类型以及刀具定义信息
		程序管理	管理加工过程中用到的NC程序信息，包括程序的类别、程序的类型以及程序与设备和工序的关联关系
	供应商管理	供应商管理	管理供应商基本信息，包括对供应商的新增、修改、删除、查询
	订单管理	客户管理	管理客户基本信息，包括对客户的新增、修改、删除、查询
		订单管理	用户可以使用订单模块管理所有订单信息
	生产计划管理	产品批次管理	用户可以利用产品批次模块定义产品生产过程的批次信息
		生产任务管理	用户可以创建生产任务，并对生产任务进行计划排程，还可以查看生产任务所需的材料和工装信息，对生产任务进行生成生产工单

模块			说明
制造执行系统WEB端	生产计划管理	生产工单管理	用户可以对生产工单进行进度跟踪、工单任务查看、工单下发和打印操作
	生产管理	手动报工管理	在生产过程中，工人可以利用本功能完成对工单的报工操作
		报工确认管理	工人的报工信息，可以由车间相关负责人对报工信息的正确性进行确认，如报工信息有误，可以在报工确认模块中进行改正
		报工信息管理	本模块主要是向用户展示所有报工信息，并提供按照条件查询功能
	看板管理	生产驾驶舱看板	系统中的看板展示模块，展示整个工厂生产概况信息
	系统管理	账号管理	管理登录系统的账号信息，包括账号的新建、修改、删除、查询
		权限管理	管理系统内账号的权限信息，可以对系统账号访问指定模块进行授权
手机APP	工厂概况	设备利用率	显示工厂当前设备各个状态（运行、空闲、停机、故障、急停）台数及所占百分比
		订单数量同期比	显示今年订单数量和去年订单数量的折线图比较
		订单合同额同期比	今年合同额和去年合同额的折线图比较
		设备综合效率	显示工厂设备综合效率（OEE）
	订单管理	订单列表	显示订单各个状态（待加工、加工中、已完成、已取消）
		订单明细	显示订单下的产品编号、订单数量、取消数量、发货数量、单价、税额、合计金额
	设备监控	设备列表	显示设备各个状态（运行、空闲、停机、故障、急停）
		实时状态	显示设备的X轴坐标、Y轴坐标、Z轴坐标、主轴转速、主轴倍率，可以实时刷新状态
	个人中心	个人中心	显示APP的版本信息、版权信息，以及APP的登录和注销功能

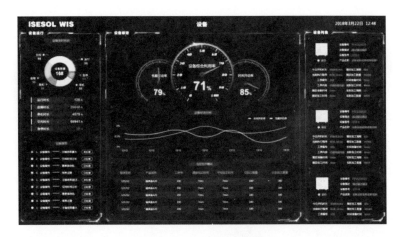

图6-22　WIS管理看板

图6-23　机床参数看板

② 使用WIS车间管理系统的优势有：

● 现场设备信息可视化；

● 信息统计数据化；

● 生产排产准时化；

● 质量问题可追溯化；

● 工艺管理无纸化；

● 数据传输网络化；

● 线上沟通实时化；

● 现场管理智能化。

（5）智能仓储物流单元

① 智能仓储物流单元主要分为三块区域。

● 巷道式立体仓库区域　属于物料储备区域，包含轴承压盖、叶轮、轮毂的毛坯和成品。堆垛机在巷道中穿行，通过三个电机分别控制水平、垂直和托盘伸缩三种运动，除去上下料口，共130个货位。立体仓库通过安装在防护网上的无线通信装置，实现立体仓库与AGV小车、立体仓库与WIS和总控的数据通信。沈阳工学院智能仓储物流中心如图6-24所示，三一重工的智能物流设备如图6-25所示。

图6-24　沈阳工学院智能仓储物流中心

图6-25　三一重工智能物流设备

● 垂直升降立体刀具柜　属于加工单元所用刀具的管理区域，故又称之为刀具库。刀具库里的每一个托盘代表一个存储单元，操作口处设有自动测高装置，存储货物时，根据所检测物体的高度，合理安排存放位置，空间利用率更高；刀具库可以利用最小的地面面积获得最大的存储容量，不会造成空间浪费，而且存储更平稳、快捷。刀具实行一物一条形码原则，出入库时通过扫码枪进行数据读取，刀具库数据库及动作控制是在与立体仓库相连的计算机上操作完成。垂直升降刀具柜如图6-26所示。

● AGV 小车车库　属于 AGV 小车的停放地点。AGV 小车全名为"滚筒承载式自动引导运输车"，按照事先铺设好的磁条带为行进路线，在整个路线上放有许多个 RFID 射频片，用来指引小车停靠及转弯；AGV 小车在工厂移动时通过车载无线通信模块实时与总控服务器进行数据交互，一旦总控下达加工任务，小车就会按照要求完成加工过程中的运输任务。AGV 小车如图 6-27 所示，智能 AGV 产品种类如图 6-28 所示。

图6-26　垂直升降刀具柜

② 智能仓储物流系统的工作过程：当 WIS 下发工单后，对应的加工单元会向 AGV 小车发送上货请求，AGV 小车接到派送任务后会到达立

图6-27　AGV 小车

体仓库的下料口处并向立体仓库发送寻货指令，立体仓库再按照工作流程进行工作。智能仓储物流操作面板如图 6-29 所示。

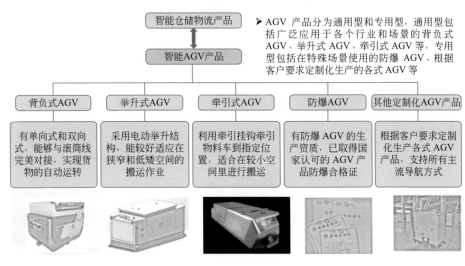

图6-28　智能AGV产品种类

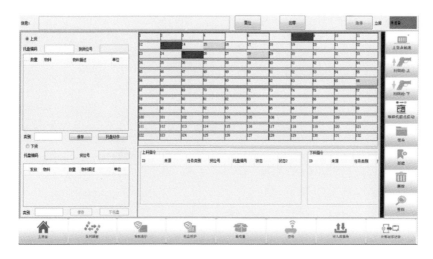

图6-29　智能仓储物流操作面板

（6）轴承压盖柔性自动化加工单元

① 轴承压盖柔性自动化加工单元的组成布局如图6-30所示。

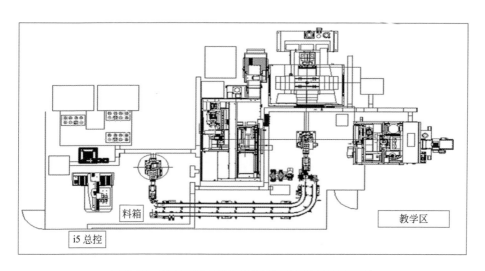

图6-30　轴承压盖柔性自动化加工单元的平面布局图

轴承压盖柔性自动化加工单元由一台工件搬运机器人MH24配合料库、三坐标、打标机、中转料库及一台工件上下料MH50机器人配合3台机床、1套翻转站、工件检测、立加夹具共同组成。其中转料道如图6-31所示。

轴承压盖柔性自动化加工单元采用的是i5智能数控系统，主要由工件搬运检测区、中转料库及U形加工区三部分组成。根据加工生产的要求，轴承压盖分为：类型1，用于T3.3机床的X轴；类型2，用于M4机床的Y轴。因此，采用类似的柔性加工单元，可以满足高档数控机床所需高精度个性化零件加工的需要。

② 轴承压盖加工工艺分析：根据轴承压盖的用途，对轴承压盖的加工工艺进行分析，两种压盖类型都属于盘类零件，主要用于机床滚珠丝杠两端的轴承支承。压盖的主要作用是压紧轴承的外环，实物图片如图6-32所示。

③ 加工优势分析

● 少人化。一人可以操作整条自动线，节省了大量的人力成本。

● 高效化。整条自动线加工效率受人为因素干扰比较小，加工过程由编制好的程序顺序进行，不存在人为因素的影响。

图6-31　中转料道

图6-32　加工实物

● 占地面积小。传统加工布局通常采用一字形，一字排开。采用自动线后，根据加工的需要，采用U形岛结构，提高了场地的利用率，布局更加紧凑。

● 智能化。U形岛布局，机器人上下料、传送带运输物料，机器人与三坐标、打标机协同动作，实现了加工全序过程的智能化。

（7）叶轮柔性自动化加工单元

① 叶轮柔性自动化加工单元的组成布局如图6-33所示。

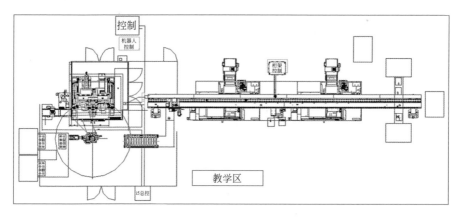

图6-33 叶轮柔性自动化加工单元的平面布局图

图6-34 叶轮柔性自动化加工单元实物展示

该柔性自动化单元由2台T2C-500数控车床、1台VMC0656e立式五轴加工中心、1套中转料库、1套上料库、1套下料库、抓手机构、翻面机构以及1套桁架机械手和1套ABB机器人等组成。叶轮柔性自动化加工单元实物展示如图6-34所示，桁架自动化上下料系统如图6-35所示。

图6-35 桁架自动化上下料系统示意图

叶轮加工单元的机床采用西门子数控系统,由毛坯处理区和五轴加工区两部分组成,主要用于加工汽车涡轮增压器用的叶轮。

② 叶轮加工工艺分析:整体叶轮的形状复杂,其叶片多为非可展扭曲直纹面,只能采用五坐标以上的机床进行加工才能取得良好效果。整体叶轮相邻叶片的空间较

图6-36 叶轮成品

小,而且在径向上随着半径的减小通道越来越窄,因此,加工叶轮叶片曲面时,除了刀具与被加工叶片之间容易发生干涉外,刀具极易与相邻叶片发生干涉。叶轮成品如图6-36所示。

(8)轮毂柔性自动化加工单元

① 轮毂柔性自动化加工单元平面布局如图6-37所示。

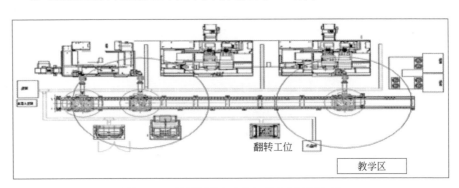

图6-37 轮毂柔性自动化加工单元平面布局

该柔性自动化单元由2台T4C数控车床、1台VMC850B立式加工中心(配四轴)、1套可移动式ABB工业机器人、1套翻转台、1套清洗台、1套工业视觉检测机、1套上料库、1套下料库等功能部件组成,三维效果图如图6-38所示。

轮毂柔性加工单元采用的是FANUC系统,全岛沿FANUC机器人轨道两侧分布,AGV小车运送毛坯至U形料道上料口,由机器人完成物料周转及上下料,成品加工完成后,放回至U形料道的空托盘处,检测装置检测到有两个成品时,呼叫AGV小车将装满的托盘放回至立体仓库中。

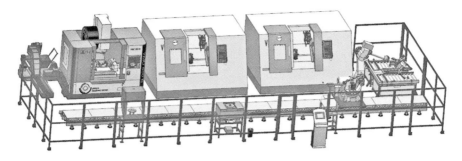

图6-38 轮毂柔性自动化加工单元三维图片展示

② 轮毂加工工艺分析：加工的轮毂，最大加工外圆直径为ϕ280mm，最小加工孔径为ϕ20mm，轮毂如图6-39所示。根据外形结构和加工部位可以大致确定用数控车床车削的内外轮廓和端面等。四轴加工中心加工气门孔和螺栓孔所需夹具如图6-40所示。

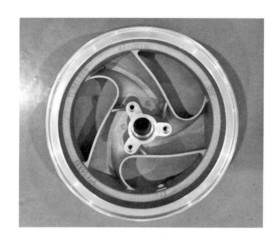

图6-39 轮毂实物

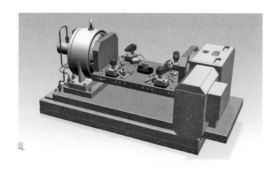

图6-40 加工气门孔和螺栓孔所需的夹具

③ 工业机器人行走轨道机构：工业机器人配有第7轴，用于实现行走，主体结构采用型材焊接结构，以有重载滑块的直线导轨为导向，以经减速器带动的齿轮齿条结构为驱动机构，实现工业机器人的移动，并可实现7轴7联动功能，如图6-41所示。

（9）沈阳机床所建智能工厂的先进性

① 基于PC架构的数控系统。

利用比较成熟的互联网环境，让该系统天然地具备通信连接的属性和实时数据采集传输能力，既为用户创造了诸多价值，也对机床产业进行了重塑。

图6-41　工业机器人搭配地轨

沈阳机床通过远程监控和实时在线监测，一个在传统生产中很难被发觉的问题得到了解决，如设备倍率可调整造成加工质量不可控问题，研发团队针对倍率进行了相应的锁定，不能随意调整倍率，次品率随之降低。搭载i5智能数控系统的i5M8五轴机床如图6-42所示。

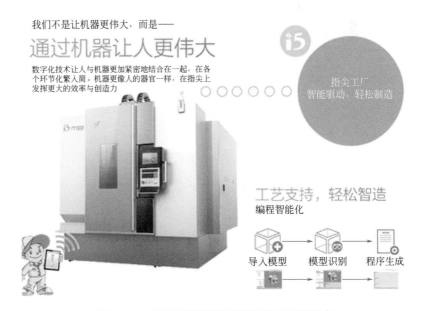

图6-42　搭载i5智能数控系统的i5M8五轴机床

② 建立起零件加工工业数据库，完成信息沉积。

对于 i5 生态的最终实现，其构想是：建立起一个零件加工的工业数据库，完成信息沉积。而工业数据库目前还是空白。因此，i5 生态对于国家社会而言，将是对制造业一次广泛的升级；对于企业而言，则将是一个财富的深海。搭载 i5 系统的 A6 系列机器人自动化产品如图 6-43 所示。

图 6-43　搭载 i5 系统的 A6 系列机器人自动化产品

③ i 平台——打造口袋工厂。

以 i5 智能机床操作系统为基础打造的"i 平台"，将机床加工领域的设计、制造、服务、供应链、用户等环节集成到云端，改变传统的单机生产模式，用"互联网+机床"的思维构建一张智能机床领域的互联网。沈阳机床打造集"智能制造"和"云制造"概念于一体的信息集成平台——i 平台，实现了核心数控系统国产化，如图 6-44 所示。

④ WIS——车间管理信息化、透明化。

依靠 i5 智能机床独一无二的 WIS 智能车间管理系统，将用户车间里的操作系统与办公室里的办公电脑互联，可实现智能工厂的信息互传。操作工人在机床上岗后，在操作系统上看到任务，选定自己的工单，操作系统会把该用的程序切换过来，身处千里之外的管理人员通过电脑或手机，就可以向 i5 智能机床下达指令，并从用户下订单开始最大程度地跟踪、追溯到订单的各种信息，如生产、设备、产品、物料、生产质量、生产过程、刀具等。智能工厂离散制造管理系统如图 6-45 所示。

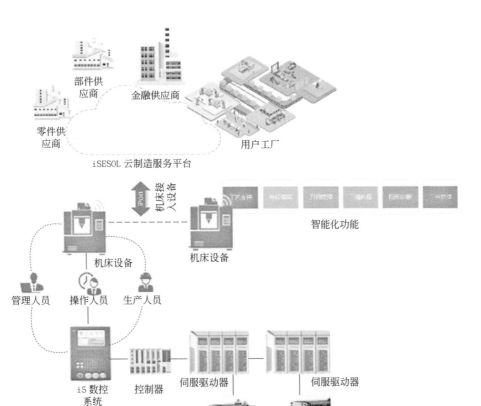

图6-44 "终端＋云端＋商业模式"带动行业

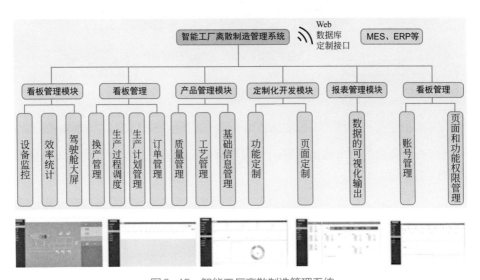

图6-45 智能工厂离散制造管理系统

智海拾贝

青岛某公司智能制造：互联工厂

青岛某公司提出的互联工厂概念，是一个生态系统，是整个企业全流程进行的变革。

（1）智能制造基础建设方面

青岛某公司推出了行业首个透明工厂，全球用户可以实时查看到该公司制造的实时场景，让全世界用户都能够全流程参与到其产品的设计、生产环节中。互联工厂与用户互联的智能自动化如图6-46所示。同时，该公司推出了中国版工业互联网平台COSMO，通过这个平台，企业可以直接复制该公司互联工厂成果，减少试错成本，实现快速转型。在平台上，不同类型的企业可以快速匹配智能制造解决方案，实现企业全流程互联互通，更好地把握终端用户需求，实现无缝化、透明化、可视化的最佳体验。

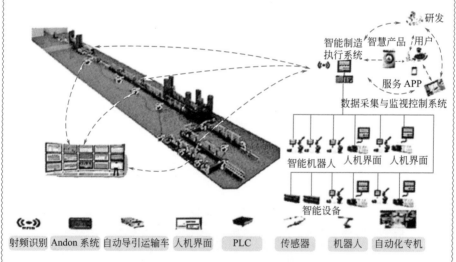

图6-46 互联工厂与用户互联的智能自动化

（2）智能制造模式：互联互通，天下互联

该互联工厂通过打造自动化、智能化生产线，搭建信息化、数字化信息系统，率先形成企业与用户需求数据无缝对接的智能化制造体系，实现内外互联、信息互联、虚实互联三大互联，满足用户个性化、碎片化需求。

目前，该工厂经过生产模块化布局，单线产能、单位面积的产出翻番，物流配送距离也比原来缩短43%左右，这种相互连接将创造出更具价值的全新智能生产，如图6-47所示。

图6-47 互联工厂

（3）互联工厂实施

从纵、横两个维度实施互联网工厂。

①纵轴。即互联工厂的用户价值创新，以用户为中心，通过互联网将业务规模由大规模制造变革为大规模定制，满足用户最佳体验。

对外，从提供产品硬件到提供智慧生活场景解决方案转型，构建U+智慧生活平台；对内，整合用户碎片化需求，构建全流程7大并联平台，实现大规模定制，建立（1+7）共创共赢全新的生态系统。U+智慧生活平台如图6-48所示。

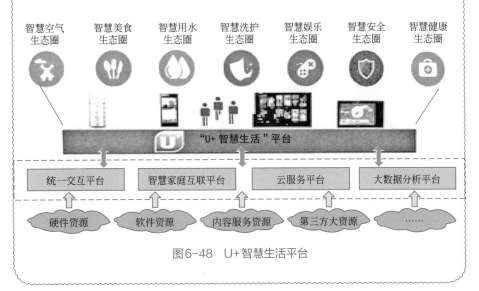

图6-48 U+智慧生活平台

② 横轴。即互联工厂的企业价值创新，建立持续引领的智能制造技术出行体系，支持互联工厂共创共赢生态圈平台搭建，分四个层次，分别是模块化、自动化、数字化、智能化。

在工厂智能化方面，如胶州互联工厂，初步布置了12000多个传感器，每天产生的制造数据超过了4000万条，通过这些数据分析，对整个互联工厂的运行情况进行实时的监控、对异常进行实时预警。

青岛某公司互联工厂数字化系统架构如图6-49所示。

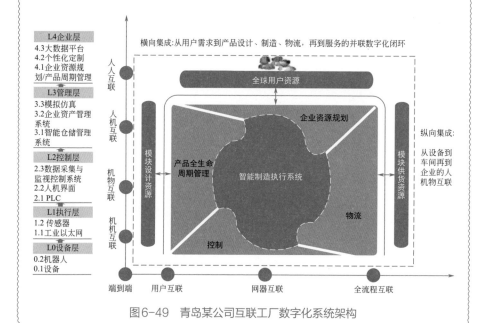

图6-49　青岛某公司互联工厂数字化系统架构

第7章

智能工厂未来展望

7.1 新一代智能制造是发展方向

第一代智能制造为数字化制造，第二代智能制造为数字化、网络化制造，新一代智能制造为数字化、网络化、智能化制造。新一代智能制造本质是运用物联网、大数据、云计算、移动互联等新一代信息技术及智能装备对传统制造业进行持续改造提升，实现人、设备、产品和服务等制造要素和资源的相互识别、实时交互和信息集成，从而进一步推动智能产品、智能设计、智能生产、智能管理和智能服务，依托产品从全生命周期出发，进行的全方位的数字化、网络化、智能化发展。

2022年，工信部数据显示，十年来，我国深入实施智能制造工程，智能制造取得长足进步，应用规模和水平全球领先，遴选110家国际先进的示范工厂，建成近2000家引领行业发展的数字化车间和智能工厂。

未来的发展重点依然是着力建设高水平产业体系，推进智能制造装备、工业软件、系统解决方案创新发展，加强5G、人工智能、工业互联网等数字基础设施建设。新一轮工业革命的核心驱动力如图7-1所示。

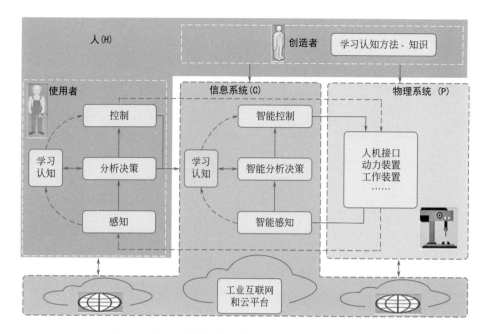

图7-1　新一代智能制造是新一轮工业革命的核心驱动力

7.2　智能制造工程专业人才助力智能工厂发展

智能工厂对劳动者技能要求不断提高。建设一支高素质的产业工人队伍，已经成为一项重要而紧迫的战略任务。对此，国家多举措培养新型产业工人支撑制造业转型升级，助力智能工厂发展。

新一轮科技革命和产业变革，与我国加快转变经济发展方式形成历史性交汇，智能制造是最重要的一个交汇点。智能制造是实现制造业创新发展的主要技术路线，数字化、网络化、智能化是制造业创新的主要途径。推进制造强国战略，要以智能制造为主攻方向，促进我国产业迈向全球价值链中高端。

推进智能制造根本是靠人才，培养与造就一支高素质的智能制造人才队伍，是实现制造业转型升级的重要保证。

沈阳工学院用于人才培养的机器人产学研基地如图7-2所示。

图7-2 机器人产学研基地

7.3 推行"并行推进、融合发展"的技术路线

智能制造是一种通用的赋能技术，其数字化、网络化、智能化技术是贯穿制造业这一复杂系统的三个主要赋能技术。制造业的数字化、网络化、智能化是先进制造技术和先进信息技术深度融合的产物。

根据德国信息技术、通讯和新媒体协会2017年提供的报告，2016—2017年，德国所有工业4.0相关行业中，硬件解决方案增长了14%以上，软件解决方案增长了23%，IT服务增长了22%。在过去的十年中，人工智能、区块链、5G等新技术为工业4.0开辟了新机遇，全球越来越多的工业企业在进行数字化生产、服务甚至商业模式的改造。

纵观德国工业，工业4.0的提出是在"工业1.0""工业2.0"完成之后，并在基本完成"工业3.0"之后所提出的一种制造业发展战略，是一种自然的"串联式"发展。而中国所走的路线是"工业2.0"补课、"工业3.0"普及、"工业4.0"示范的道路，因此，中国制造业必须走"并联式"发展道路。

对于新一代信息技术、新能源、节能环保、生物、节能、高端装备制造、新材料等新技术，需要与传统制造业"深度融合"，落脚在提高制造业的发展水平上，需要走"融合发展"的道路。基于互联网技术的智能机床远程故障诊断系统如图7-3所示。

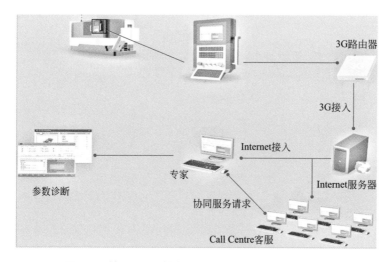

图7-3　基于互联网技术的智能机床远程故障诊断系统

智海拾贝

5G+制造，推动智能制造新范式

中国作为全球5G部署最快、规模最大的国家，目前，已打造了上百个5G+工业制造应用标杆，在港口、钢铁、水泥、飞机、3C电子、半导体等众多制造行业中进行了5G+工业互联网创新。

根据5G技术的发展节奏，业界普遍认为5G进入工业制造将分为3个阶段：信息化、数字化、智能化。

针对智能化阶段，其目标是：实现全联接+智能，随着工业制造数字化转型和柔性演进的完善，及5G低时延、高可靠、大联接、广覆盖能力的全面完善，5G将使能制造业全面实现无线联接的智能工厂，实现从办公到超低时延精准控制、从办公到生产全面的联接覆盖和使能。湖北移动携手美的集团，共同打造了"5G全连接智慧工厂"。生产车间里，千余台自动化设备高效运转，每个环节都通过5G技术实现了"无缝衔接"，生产设备全部增加了"5G信号"，省去了寻找错综复杂管线的时间，生产环境也变得更安全、更高效。美的集团的5G全连接智慧工厂如图7-4所示。

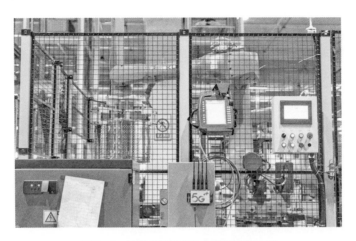

图7-4　美的集团的5G全连接智慧工厂

参考文献

[1] 周济, 李培根. 智能制造导论[M]. 北京: 高等教育出版社, 2021.

[2] 刘业峰, 赵元. 智能工厂技术基础[M]. 北京: 北京理工大学出版社, 2020.

[3] 赵元, 李承欣, 李俊宇. 工业机器人技术与应用[M]. 北京: 北京理工大学出版社, 2020.

[4] 孙福英, 赵元, 杨玉芳. 智能检测技术与应用[M]. 北京: 北京理工大学出版社, 2020.

[5] 赵科学, 宋飞, 陶林. 智能机床与编程[M]. 北京: 北京理工大学出版社, 2020.

[6] 辛国斌. 智能制造探索与实践: 46项试点示范项目汇编[M]. 北京: 电子工业出版社, 2016.

[7] 辛国斌. 智能制造标准案例集[M]. 北京: 电子工业出版社, 2016.

[8] 赖朝安. 智能制造: 模型体系与实施路径[M]. 北京: 机械工出版社, 2019.

[9] 蒋明炜. 机械制造业智能工厂规划设计[M]. 北京: 机械工业出版社, 2017.

[10] 陈卫新. 面向中国制造2025的智能工厂[M]. 中国电力出版社, 2017.

[11] 杜品圣, 顾建党. 面向中国制造2025的制造观[M]. 北京: 机械工业出版社, 2017.

[12] 葛英飞. 智能制造技术基础[M]. 北京: 机械工业出版社, 2020.

[13] 燕鹏飞. 智能物流: 链接"互联网+"时代亿万商业梦想[M]. 北京: 人民邮电出版社, 2017.

[14] 李伯虎. 云计算导论[M]. 2版. 北京: 机械工业出版社, 2021.

[15] 黄磊. 自动化立体仓库系统在物流中的应用与发展探讨[J]. 现代工业经济和信息化, 2018, 8(18): 86-87.

[16] 徐平. 智能传感技术是实现智能制造的关键[J]. 智能制造, 2022(2): 120-124.

[17] 马晓锋, 王中任. 基于引导滤波与神经网络算法的螺纹孔检测方法[J]. 制造技术与机床, 2022(1): 165-170.

[18] 周宇权. 工业机器人技术在智能制造领域中的应用研究[J]. 产业科技创新, 2022, 4(2): 71-73.

[19] 陈晨, 秦双双, 常芹. 大数据技术在智能制造运营管理系统中的应用研究[J]. 智能制造, 2021(2): 38-42.

[20] 李刚, 郑美红. 智能制造工控网络安全防护体系发展概述[J]. 信息技术与网络安全, 2019(6): 6-10.

[21] 胡荣耀. 人工智能在机械设计制造及其自动化中的实践[J]. 中阿科技论坛(中英文), 2020(11): 76-78.

[22] 陈巍. 人工智能对工业4.0关键技术引领探讨[J]. 现代工业经济和信息化, 2018, 8(2): 5-7.

[23] 黄培. 数字孪生在制造业的应用 [J]. 中国工业和信息化, 2020(7): 20-26.

[24] 周宏兴, 杨庆东. 一种数控机床信息感知与状态识别方法 [J]. 机械工程师, 2017(8): 58-60.

[25] 孙元乾. CAD技术与机械制图关键技术分析 [J]. 时代汽车, 2022(16): 118-120.

[26] 刘义, 刘晓冬, 焦曼, 等. 基于数字孪生的智能车间管控 [J]. 制造业自动化, 2020, 42(7): 148-152.

[27] 赵洪志, 张健, 陶小刚. 航弹控制舱装配工艺路线设计专家系统的研究 [J]. 成组技术与生产现代化, 2018, 35(2): 34-39.

[28] 刘俊利, 王应帅, 焦豪奇, 等. 带式输送机智能设计系统 [J]. 机械工程师, 2019(12): 17-19.

[29] 朱远玲. 智能制造中工业大数据的应用价值分析 [J]. 市场调查信息: 综合版, 2022(4): 187-189.

[30] 武晓平, 高峻岭, 张勇, 等. 数字孪生技术在离散制造车间的应用与展望 [J]. 数字技术与应用, 2021, 39(9): 165-167.

[31] 刘成强, 徐海港, 王通, 等. CAE分析技术在汽车产品设计中的应用研究 [J]. 农业装备与车辆工程, 2016, 54(11): 25-27, 31.

[32] 张思展. 虚拟制造技术在汽车装配工艺中的应用探讨 [J]. 现代制造技术与装备, 2019(5): 163-164.

[33] 刘国才. 航天工程质量数据体系架构的挖掘 [J]. 科技导报, 2022, 40(6): 101-109.

[34] 庄存波, 刘检华, 熊辉. 分布式自主协同制造——一种智能车间运行新模式 [J]. 计算机集成制造系统, 2019, 25(8): 1865-1874.

[35] 宋吉书. 大数据时代的计算机网络安全及防范措施 [J]. 新型工业化, 2021, 11(5): 84-85, 88.

[36] 蔡跃坤, 王俊佳, 朱智鹏. 基于多Agent的智能工厂生产调度优化 [J]. 西南科技大学学报, 2020, 35(1): 90-94.

[37] 易锋. 基于RFID及图像识别技术的船企作业人员管理系统设计 [J]. 科学技术创新, 2019(6): 76-77.

[38] 谭建荣, 刘达新, 刘振宇, 等. 从数字制造到智能制造的关键技术途径研究 [J]. 中国工程科学, 2017, 19(3): 39-44.

[39] 马德光. MES在智能制造中应用的研究 [J]. 科技视界, 2020(7): 222-224.

[40] 麻晓慧. 离散型制造企业工控网络安全技术应用探讨 [J]. 技术与市场, 2022, 29(2): 70-72.

[41] 王国法, 赵国瑞, 胡亚辉. 5G技术在煤矿智能化中的应用展望 [J]. 煤炭学报, 2020, 45(1): 16-23.

[42] 欧阳小迅. 智慧物流的发展特点及技术体系分析 [J]. 物流工程与管理, 2019, 41(10): 1-3, 22.

[43] 秦洪艳, 季鹏, 王冬良. 应用型本科智能制造工程专业人才培养模式研究与探索 [J]. 中国教育技术装备, 2021(20): 97-99.

[44] Wang W, Hu T, Gu J. Edge-cloud cooperation driven self-adaptive exception control method for the smart factory[J]. Advanced Engineering Informatics, 2022, 51: 101493.

[45] Wang W, Zhang Y, Gu J, et al. A proactive manufacturing resources assignment method based on production performance prediction for the smart factory[J]. IEEE Transactions on Industrial Informatics, 2022, 18(1): 46-55.

[46] Lee J, Lee Y C, Kim J T. Migration from the traditional to the smart factory in the die-casting industry: Novel process data acquisition and fault detection based on artificial neural network[J]. Journal of Materials Processing Technology, 2021, 290: 116972.

[47] Chen L, Lu Z, Xiao A, et al. A Resource Recommendation Model for Heterogeneous Workloads in Fog-Based Smart Factory Environment[J]. IEEE Transactions on Automation Science and Engineering, 2022: 1-13.

图解智能工厂